REVISED EDITION

קְרִיאָה וּתְפִלָּה לְמַתְחִילִים

A READING and PRAYER PRIMER

by

SOL SCHARFSTEIN

KTAV PUBLISHING HOUSE INC.

TABLE OF CONTENTS

copyright ©1964, 1989

KTAV PUBLISHING HOUSE, INC.

ISBN 0-88125-270-0

INTRODUCTION

How do we teach Siddur reading effectively and expeditiously to students in a one-hour-a-week reading program? We know that we cannot use the whole-word method, since it is based on a comprehension level which in our case is non-existent and impossible to develop in the aforementioned time schedule.

This leaves us with the phonic method. Here we are indeed fortunate that our alphabet is an ideal one. Every letter involved has a specific sound with no variations or inconsistencies. But the phonic method now in use is inefficient for the one-hour-a-week teaching schedule.

This lack of efficiency is in no way due to the capacities of the students, capabilities of the teachers or approach of the textbook. It is principally due to retenion and recall.

RETENTION AND RECALL

Efficiency in retention and recall depends on two primary factors: frequency and recency. The more a response is repeated, the greater the tendency for that response to be recalled. This fact is a basic time-honored rule in learning spelling, arithmetic, etc. *This is frequency.*

The principle of recency. The response which has been exercised most recently is the most likely to occur when a student is given an analogous situation. The factor of recency is fundamental in learning situations.

Within the framework of a one-hour week there is practically no opportunity for frequency or recency.

THE CENTRAL PRINCIPLE THEORY

The third complicating factor is the phonic method in itself. Gestalt psychologists and other researchers have demonstrated that individual syllables are much more difficult to recall and retain than whole meaningful words.

Wheeler, a well-known psychologist, reports on an experiment in which he asked the subjects to memorize three lists of words. The third list was learned much faster than the other two. Why was this? The test showed that the words of the third list were much easier to organize, since they were part of a pattern, such as things in a house, parts of a sentence, etc.

In practical terminology this means that it is easier to retain and recall the word "תורה" than the individual sounds of "ת" and "ר"; there is one central organizing principle to which all the elements belong.

THE I-A METHOD

In our text with its accompanying records and flash cards we have developed a system to counteract these three major deficiencies of the phonic method in the one-hour-a-week Hebrew reading program.

We have blended two approaches, the whole-word and the phonic method, into a new compact systematic teaching tool. Each lesson starts with a high-frequency religious-cultural "gestalt" word. The accompanying article is read, discussed and reenforced with flash-card drill. After this, the Gestalt word is dis-assembled into its syllabic components. E.g.: the student who has already established a picture-sound relationship to the whole word *Shalom* is now ready to make picture-sound generalizations about its component parts, Sha, lo, lom. The sight Gestalt words always contain common consonant elements from the previous Gestalt word. The first word in the book is שלום, the next word שבת. Notice how the letter Shin carries over. This procedure continues throughout the book.

In pedagogic terminology this method has been described as an **inductive** and **analytic** learning procedure. It is **inductive,** because specific words are used to arrive at generalizations regarding the sound of the letters of syllables; it is **analytic** because whole words are analyzed to identify letter and vowel combination sounds. We call our system the I-A Method, I for **inductive,** A for **analytic.**

SYLLABICATION AND FIXATIONS

Notice that we have played down the individual sounds of the consonants and vowels and emphasized the single and composite syllables. By emphasizing syllables we diminish the piece-meal reading which is so prevalent among phonic readers.

In the phonic system of teaching the student knows the sounds of the individual consonants and vowels and reads every one of them. The word שלום in the phonic system has five components, three consonants and two vowels. As the eye moves across the word, it stops five times. These stops are called fixations. Fixations are what produce the piece-meal reader. The **I-A** Method of teaching syllables reduces the number of eye fixations into two units for the word שלום : שַ and לוֹם, and thereby molds a more natural reading style. While there are five stops in the regular method, there are two in the **I-A Method.**

I-A EXERCISE -SECTION

Directly under the "Gestalt" article we find the I-A section. Notice how we highlight the components of the Gestalt word. At first we utilize individual syllables, and then advance to compound units.

The exercises in this section are based on the substitution principle. Initially we start with single syllables and substitute vowels and consonants, then we build up to compound syllables and utilize the same substitutive principle.

By keeping one part of each syllable constant, we set up a reading rhythm. Then as the student reads a line, he acquires the beat and finds himself reading in a natural style.

RECORDINGS

Retention and recall, as we discussed previously, depend on frequency and recency. With a six-day Sabbatical between sessions, it is no wonder that little progress is made. The usual way of correcting this fault is to give home study assignments. Unfortunately for beginners you cannot assign pronounciation, intonation and fluency for home study. The student must have strict supervision, otherwise he may find himself mispronouncing, placing the emphasis on the wrong syllable, and in general reading artificially.

To solve this problem we have provided recordings of the Rhythm Reading sections. Each lesson is approximately a minute and a half in duration, and all the student has to do is repeat after the announcer, keeping his finger on each word, and following the flow of the syllables. Thus the student forms a word-sound relationship. He sees the word, he hears the word, he says the word.

In this way we have extended the influence of the teacher to the home during the weekly Sabbatical. Refresher lessons during the week will greatly increase the efficiency, fluency and learning capacity of the student.

RHYTHM READING

From the I-A section, the student advances to the Rhythm Reading unit. Here too we utilize substitution drills to develop a natural reading style. In this section we drill the student in more complicated word forms.

The eye scans the first word in each line and picks up the syllable in a series of fixations. Then the student sounds the word with some hesitation. Now, as the eye advances to the new word, it automatically recognizes the common syllable unit, records it, makes a substitution and sounds it out much faster than the previous word. As the student advances down the line, his reading reflex reaction time speeds up, and he finds himself reading faster and effortlessly.

SIDDUR READING

The last section of each lesson is entitled Siddur Reading. So many texts train the student to read the reader, and yet when the student is given a Siddur, he or she is lost. Here we provide actual words, phrases and sentences from the Siddur, so as to minimize the gap when the student is upgraded to his prayerbook.

LOOK-ALIKE—SOUND-ALIKE

The look-alike and sound-alike letters have always been confusing to the beginning student. Accordingly we have provided a special section to drill the students in these confusing picture-sound relationships.

SIDDUR SELECTIONS

The last unit of the text is entitled Siddur Selections. Here we provide actual units from the Siddur.

The text can be completed in one year's work. There are 36 lessons plus the supplementary material. For maximum cumulative effect each lesson should be completed in one period.

It is our hope that our book will make the teaching of Siddur reading pleasant and productive. There is a free teacher's guide available from the publisher.

THE HEBREW ALPHABET

SFARDI NAME SOUND	ASHKENAZI NAME SOUND	NUMERICAL FORM	BLOCK FORM	SCRIPT FORM	HEBREW NAME	LETTER
Alef silent	Alef silent	1	א	א	אָלֶף	א
Bet B	Bays B	2	בּ	בּ	בֵּית	בּ
Vet V	Vays V		ב	ב	בֵית	ב
Gimel G(get)	Gimel G(get)	3	ג	ג	גִמֶל	ג
Dalet D	Dalet D	4	ד	ד	דָלֶת	ד
Hay H	Hay H	5	ה	ה	הֵא	ה
Vav V	Vov V	6	ו	ו	וָו	ו
Zayin Z	Zayin Z	7	ז	ז	זַיִן	ז
Ḥet Ḥ	Ḥess Ḥ	8	ח	ח	חֵית	ח
Tet T	Tess T	9	ט	ט	טֵית	ט
Yod Y	Yood Y	10	י	י	יוֹד	י
Kaf K	Kaf K	20	כּ	כּ	כָּף	כּ
Haf Ḥ	Huf H		כ	כ	כָף	כ
final Haf Ḥ	final Huf Ḥ		ך	ך	כָף סוֹפִית	ך
Lamed L	Lamed L	30	ל	ל	לָמֶד	ל
Mem M	Mem M	40	מ	מ	מֵם	מ

Ḥ is like ch in challah

SFARDI NAME SOUND	ASHKENAZI NAME SOUND	NUMERICAL FORM	BLOCK FORM	SCRIPT FORM	HEBREW NAME	LETTER
final Mem M	final Mem M	ם	ם	ם	מֵם סוֹפִית	ם
Nun N	Nun N	50	נ	נ	נוּן	נ
final Nun N	final Nun N		ן	ן	נוּן סוֹפִית	ן
Sameh S	Sameh S	60	ס	ס	סָמֶךְ	ס
Ayin silent	Ayin silent	70	ע	ע	עַיִן	ע
Pay P	Pay P	80	פּ	פּ	פֵּא	פּ
Fay F	Fay F		פ	פ	פֵא	פ
final Fay F	final Fay F		ף	ף	פֵא סוֹפִית	ף
Tzadee TZ	Tzadee TZ	90	צ	צ	צַדִי	צ
final Tzadee TZ	final Tzadee TZ		ץ	ץ	צַדִי סוֹפִית	ץ
Kof K	Koof K	100	ק	ק	קוֹף	ק
Resh R	Resh R	200	ר	ר	רֵישׁ	ר
Shin SH	Shin SH	300	שׁ	שׁ	שִׁין	שׁ
Sin S	Sin S		שׂ	שׂ	שִׂין	שׂ
Tav T	Tov T	400	תּ	תּ	תָּו	תּ
Tav T	Sov S		ת	ת	תָו	ת

Ḥ is like ch in challah

THE VOWELS

Sfardi	Ashkenazi	HEBREW NAME	VOWELS
A as in father	AW	קָמַץ	◌ָ
A as in father	A as in father	פַּתַּח	◌ַ
I as in sit	I as in sit	חִירִק	◌ִ

Sfardi	Ashkenazi	HEBREW NAME	VOWELS
A as in bay	A as in bay	צֵירֵה	◌ֵ
E as in wet	E as in wet	סֶגֹל	◌ֶ
O as in for	O as in no	חוֹלָם	וֹ

Sfardi	Ashkenazi	HEBREW NAME	VOWELS
OO as in "moon"	OO as in "moon"	קֻבּוּץ	◌ֻ
OO as in "moon"	OO as in "moon"	שׁוּרֶק	וּ
Silent	Silent	שְׁוָא	◌ְ

ה Has the sound of H	ד Has the sound of D	ג Has the sound of G	ב Has the sound of V	בּ Has the sound of B	א Silent letter
כ Has the sound of K	י Has the sound of Y	ט Has the sound of T	ח Has the sound of Ḥ	ז Has the sound of Z	ו Has the sound of V
נ Has the sound of N	ם Has the sound of M At the end of a word	מ Has the sound of M	ל Has the sound of L	ך Has the sound of Ḥ At the end of a word	כּ Has the sound of Ḥ
ף Has the sound of F At the end of a word	פ Has the sound of F	פּ Has the sound of P	ע Silent letter	ס Has the sound of S	ן Has the sound of N At the end of a word
שׂ Has the sound of S	שׁ Has the sound of SH	ר Has the sound of R	ק Has the sound of K	ץ Has the sound of TZ At the end of a word	צ Has the sound of TZ
Has the sound of EH as in "bell"	Has the sound of A as in bay	Has the sound of A as in "father"	Has the sound of A as in tall SFARDI A as in "father"	תּ Has the sound of T SFARDI	ת Has the sound of T
Has the sound of O SFARDI as in "for"	Has the sound of OO as in "moon"	Has the sound of I as in "sit" or E as in me See	Has no sound	Has the sound of T SFARDI	ת Has the sound of T

2

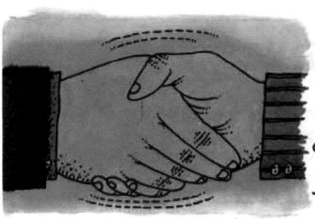

שָׁלוֹם

שָׁלוֹם means "peace." When used as a greeting, it also means "hello," and as a farewell, "goodbye."

The pursuit of שָׁלוֹם is one of the highest ideals of Judaism.

1. שָׁלוֹם – שָׁ

שָׁ לָ שָׁ לָ לָ שָׁ לָ

2. שָׁלוֹם – לוֹ

לוֹ שׁוֹ לוֹ שׁוֹ שׁוֹ לוֹ לוֹ

3. שָׁלוֹם – לוֹם

לוֹם שׁוֹם לוֹם שׁוֹם שׁוֹם

לוֹם לוֹם

4. שָׁלוֹם – לוֹם

לוֹם לוֹשׁ לוֹל לוֹשׁ לוֹל

לוֹל לוֹשׁ

SIDDUR WORDS

5. שָׁלוֹם לוֹ שָׁם שָׁלוֹם לוֹ שָׁלוֹם שָׁם

שַׁבָּת

The fourth Commandment (Ext. 20:8-11) states: Remember the שַׁבָּת and keep it holy ...

The שַׁבָּת begins every Friday at sundown and ends every Saturday night after dark. In the home it begins with the lighting of the candles. שַׁבָּת officially ends with the Havdalah ceremony.

1. שַׁבָּת – שַׁ

שַׁ בַּ תַ לַ שַׁ בַּ תַ

2. שַׁבָּת – בָּ

בָּ שָׁ תָ לָ שָׁ בָּ תָ

3. שַׁבָּת – בָּת

בָּת שָׁת תָת לָת שָׁת בָּת תָת

4. שַׁבָּת – בָּת

בָּת בָּשׁ בָּל בָּת בָּל בָּשׁ בָּת

SIDDUR WORDS

5. שַׁבָּת שַׁבַּת שָׁלוֹם שָׁת שָׁלוֹם לוֹ בּוֹ

6. לוֹ שָׁלוֹם שָׁם שַׁבָּת שַׁבַּת בַּת בּוֹ

מֹשֶׁה

מֹשֶׁה means "taken from the water." The Egyptians ordered all newborn Hebrew boys to be killed. To save their son, the parents of מֹשֶׁה set him afloat on the river Nile in a waterproof cradle. There the daughter of Pharaoh found him and raised him as a prince of Egypt.

מֹשֶׁה never forgot his people. He freed the Israelites from Egypt and led them through the desert to Mount Sinai, where God gave them the Torah.

מֹשֶׁה was the greatest leader the Jews ever had.

.1 מֹשֶׁה – מֹ	מֹ שֹׁ בֹּ תֹ לֹ מֹ שֹׁ
.2 מֹשֶׁה – שֶׁ	שֶׁ מֶ בֶּ תֶ לֶ מֶ שֶׁ
.3 מֹשֶׁה – שֶׁה	שֶׁה מֶה בֶּה תֶה לֶה מֶה שֶׁה
.4 מֹשֶׁה – שֶׁה	שֶׁה שֶׁל שֶׁת שֶׁם שֶׁשׁ שֶׁם שֶׁל

SIDDUR WORDS

.1 מֹשֶׁה שֶׁל שֶׁם שָׁם שָׁת שָׁלוֹם לוֹ בּוֹ

.2 בַּת שַׁבַּת שַׁבָּת שַׁבַּת שָׁלוֹם שָׁם שֶׁם

.3 מֶה לָמֶה בַּמֶּה לָמֶה בַּמֶּה

אֱמֶת

אֱמֶת means *"truth."* Respect for the feelings of others demands that we constanly speak the אֱמֶת.

The Bible tells us: "You shall not deal falsely, nor lie to one another."

1. אֱמֶת – אֱ

אֱ מֶ תֶ בֶּ שֶׁ לֶ

2. אֱמֶת – מֶ

מֶ אֶ תֶ לֶ בֶּ שֶׁ

3. מֹשֶׁה – שֶׁ

שֶׁ מֶ בֶּ תֶ לֶ מֶ שֶׁ

4. אֱמֶת – מֶת

מֶת אֶת תֶת לֶת בֶּת שֶׁת

5. אֱמֶת – מֶת

מֶת מֶשׁ מֶל מֶם מֶת

RHYTHM READING

1. אֱמֶת אֶמֶשׁ שֶׁמֶשׁ אֱמֶת
2. מֹשֶׁה מָשָׁה לָשָׁה לָשׁ
3. שָׁם אָשָׁם אָשַׁם שָׁם
4. מָה אָמָה אַמָה אַמַת
5. אָלָה בָּלָה בָּמָה שָׁמָה

אָדָם

אָדָם means "man." The Torah tells us that אָדָם was the first man created by God. אָדָם and his wife Eve lived happily in the Garden of Eden until they ate the forbidden fruit.

Because of their sin, אָדָם and Eve were thrown out of the Garden of Eden.

1. אָדָם – אָ

אָ דָ מָ תָ בָּ שָׁ לָ

2. אָדָם – דָ

דָ אָ לָ שָׁ תָ בָּ מָ

3. אָדָם – דָם

דָם אָם לָם שָׁם תָם בָּם מָם

4. אָדָם – דָם

דָם דָת דָשׁ דָל דָת דָשׁ דָל

RHYTHM READING

1. אָדָם אָשָׁם דָתָם אָדָם
2. דָם שָׁם בָּם תָם
3. דָשׁ מָשׁ לָשׁ דָשׁ
4. בּוֹ לוֹ שֶׁלוֹ אוֹ
5. שָׁת דָת דַת בַּת
6. שָׁלוֹם שַׁבָּת שַׁבַּת שָׁלוֹם

אֲדֹנָי

אֲדֹנָי means "Lord." There are many names for God mentioned in the Torah. One of these names, the יְיָ which appears over 7,000 times in the Bible, is never pronounced. This holy name of God is always read as אֲדֹנָי .

1. אֲדֹנָי – אֲ

אַ דַ נַ מַ תַ שַׁ בַּ לַ

2. אֲדֹנָי – דֹ

דֹ אֹ נֹ מֹ תֹ שֹׁ בֹּ לֹ

3. אֲדֹנָי – אֲדֹ

אֲדֹ אֲנֹ אֲמֹ אֲתֹ אֲשֹׁ אֲלֹ

4. אֲדֹנָי – נָ

נָ אָ דָ מָ תָ שָׁ בָּ לָ

5. אֲדֹנָי – נָי

נָי אָי דָי מָי תָי שָׁי בָּי לָי

6. אֲדֹנָי – נָי

נָי נָד נָת נָל נָשׁ נָם נָא

RHYTHM READING

1. אֲדֹנָי בָּנָי נָשָׁי בָּנָי
2. בּוֹנֶה מוֹנֶה שׁוֹנֶה תוֹנֶה
3. בָּנָה מָנָה שָׁנָה אָנָה
4. נָם נָמָה דָם דָמָה
5. שָׁלוֹם אָדוֹם אָדָם אָשָׁם
6. מָשׁ מָשָׁה מָשָׁל מָשָׁלָה
7. נָם נָמָה נָמָל בַּנָמָל
8. אֲדֹנָי אֲדָמָה אֲמָנָה אֲמָתוֹ

SIDDUR WORDS

9. אֲדֹנָי אֲדָמָה אֱמֶת בֶּאֱמֶת
10. שַׁבָּת שַׁבַּת שָׁלוֹם שָׁם
11. דוֹמֶה נוֹדֶה אוֹת אוֹתוֹת

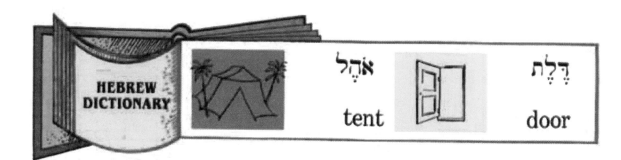

HEBREW
DICTIONARY

אֹהֶל
tent

דֶלֶת
door

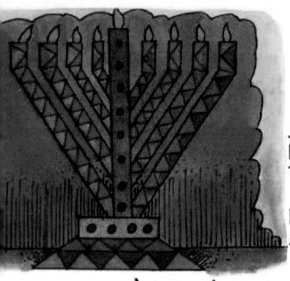

מְנוֹרָה

The מְנוֹרָה is one of the most important symbols in Judaism. Originally the מְנוֹרָה was a seven-branched golden candelabrum which stood in the Tabernacle, and later in the Temple in Jerusalem.

During the holiday of Hanukkah we use an eight-branched מְנוֹרָה, with a ninth branch called *shammos*.

.1 מְנוֹרָה – מְ

מְ דְ נְ תְ רְ שְׁ בְּ לְ

.2 מְנוֹרָה – וֹ

נוֹ דוֹ מוֹ תוֹ רוֹ שׁוֹ בּוֹ אוֹ

.3 מְנוֹרָה – רָ

רָ דָ מָ תָ לָ שָׁ בָּ אָ

.4 מְנוֹרָה – רָה

רָה דָה מָה תָה לָה שָׁה

.5 מְנוֹרָה – רָה

רָה רָד רָם רָת רָל רָ

.6 מְנוֹרָה – נוֹרָה

נוֹרָה תוֹרָה שׁוֹרָה אוֹרָה

מוֹרָה בּוֹרָה

.7 מְנוֹרָה – נוֹרָה

נוֹרָה נוֹשָׁה נוֹדָה נוֹלָה

נוֹמָה נוֹאָה

RHYTHM READING

1. מְנוֹרָה מְדוֹרָה מְרוֹרָה מְנוֹרָה
2. מוֹרָה אוֹרָה תוֹרָה בּוֹרָה
3. מוֹרֶה מוֹדֶה נוֹדֶה נוֹרֶה
4. תוֹרָה תוֹדָה מוֹדָה מוֹרָה
5. רוֹדֶה בּוֹדֶה תוֹדֶה אוֹדֶה
6. מוֹנֶה תוֹנֶה שׁוֹנֶה בּוֹנֶה
7. בּוֹנֶה בּוֹנָה שׁוֹנֶה שׁוֹנָה
8. רָם דָם שָׁם בָּם רָם
9. נָם שָׁם תָם דָם רָם

SIDDUR WORDS

10. שָׁם אָשָׁם דָם אָדָם דָם
11. נוֹרָא נוֹדֶה דוֹמֶה דוֹר
12. דוֹר לְדוֹר אוֹת לְאוֹת
13. אֲדֹנָי אֲשֶׁר אֱמֶת בֶּאֱמֶת
14. בָּה רַבָּה שַׁבָּת שַׁבַּת

מוֹרֶה — teacher

מוֹרָה — lady teacher

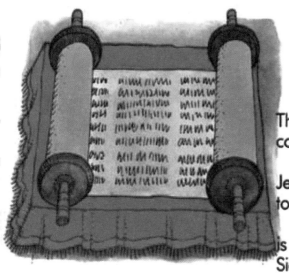

תּוֹרָה

תּוֹרָה means "learning," "teaching" and "law." The תּוֹרָה is a special handwritten parchment scroll containing the Five Books of Moses.

The תּוֹרָה contains the history of the birth of the Jewish people and the basic laws by which they were to live.

Every Shabbat and holiday a portion of the תּוֹרָה is read in the synagogue. These portions are called Sidrot.

.1 תּוֹרָה – תּוֹ

תּוֹ תוֹ דוֹ מוֹ שׁוֹ נוֹ רוֹ אוֹ לוֹ
בּוֹ

.2 תּוֹרָה – תּוֹ

תּוֹ תֹּ תָּ תַּ תֶּ תָּ תֹּ תּוֹ

.3 תּוֹרָה – רָ

רָ דָ מָ נָ תָּ תָ שָׁ בָּ לָ אָ

.4 תּוֹרָה – רָה

רָה רָד רָם רָת רָשׁ רָל רָר
רָא

.5 תּוֹרָה – רָה

רָה דָה תָּה תָה שָׁה מָה נָה
לָה אָה בָּה

RHYTHM READING

1. תּוֹרָה אוֹרָה מוֹרָה תּוֹרָה

Torah

2. תּוֹדָה מוֹדָה דוֹדָה תּוֹדָה

Todah

3. תּוֹדֶה מוֹדֶה אוֹדֶה נוֹדֶה

4. מוֹדֶה מוֹרֶה מוֹרָה מוֹדָה

5. דוֹדָה דוֹרָה תּוֹרָה תּוֹדָה

6. תַּמָה שַׁמָה שָׁמָה רָמָה

7. תָּלָה בָּלָה אָלָה דָלָה

8. תָּמָר אָמָר אָמַר שָׁמַר

9. דָרוֹם בָּרוֹם מָרוֹם דָרוֹם

SIDDUR WORDS

10. אַתָּה אַתֶּם תּוֹרָה תּוֹרָתוֹ

11. תּוֹרַת מֹשֶׁה תּוֹרַת אֱמֶת

12. אֶת אוֹת לְאוֹת אוֹתוֹת

13. תּוֹרָה בַּתּוֹרָה מָרוֹם בַּמָּרוֹם

14. תּוֹרָה נוֹרָא נוֹדֶה מוֹדֶה

HEBREW DICTIONARY

שֶׁמֶשׁ sun

תּוֹדָה thanks

תְּפִלָּה

תְּפִלָּה means "prayer." תְּפִלָּה is a way of talking to God.

There are three תְּפִלָּה services on weekdays, four on Shabbat and festivals and five on Yom Kippur.

1. תְּפִלָּה – תְּ

תְּ תְ דְ רְ מְ שְׁ לְ בְּ נְ

2. תְּפִלָּה – פִּ

פִּ תִּ דִ רִ מִ שִׁ לִ בִּ נִ אִ

3. תְּפִלָּה – תְּפִּ

תְּפִּ תְּרִ תְּלִ תְּנִ תְּמִ

4. תְּפִלָּה – לָ

לָ פָּ נָ דָ רָ תָּ תָ שָׁ בָּ אָ

5. תְּפִלָּה – לָה

לָה פָּה נָה דָה רָה תָּה
תָה שָׁה בָּה אָה

6. תְּפִלָּה – לָה

לָה לָד לָת לָשׁ לָר לָל
לָם

7. תְּפִלָּה – פִּלָה

פִּלָה תִּלָה בִּלָה דִלָה
רִלָה נִלָה

RHYTHM READING

1. תְּפִלָּה מִלָּה תִּלָּה בִּלָּה
2. רָפָה נָפָה שָׁפָה אָפָה
3. שָׁפָל נָפָל נָפַל תָּפַל
4. תָּפַר שָׁפַר שָׁפַת לָפַת
5. שׁוֹפָר שָׁפַר שָׁפָל שָׁלָל
6. רֶפֶת רֶפֶשׁ נֶפֶשׁ נֹפֶשׁ
7. נֹפֶשׁ נֹפֶת תֹּפֶת לֶפֶת
8. שָׁלוֹם שָׁלֹשׁ שָׁלָה שָׁלָל

SIDDUR WORDS

9. שָׁלוֹם בְּשָׁלוֹם שַׁבָּת שַׁבָּת
10. אוֹת אוֹתוֹת תּוֹרָה תּוֹרַת
11. תּוֹרַת אֱמֶת תּוֹרַת מֹשֶׁה
12. דּוֹר לְדוֹר אוֹת לְאוֹת
13. אַתָּה שֶׁאַתָּה פֶּלֶא נֶפֶשׁ

HEBREW
DICTIONARY

אִמָּא
mother

אַבָּא
father

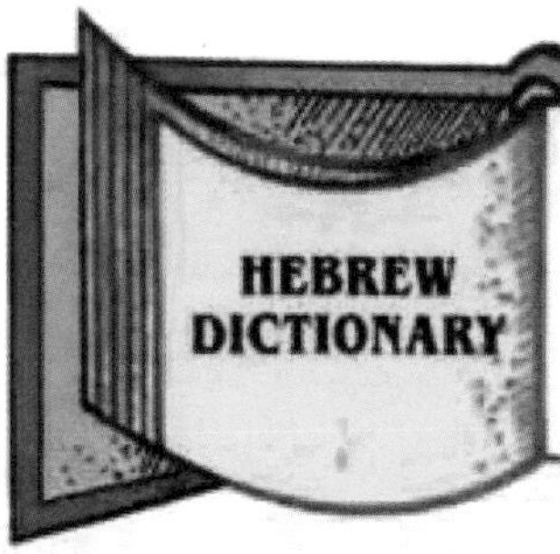

תְּשׁוּבָה

תְּשׁוּבָה means "return" or "repentance." People who have done something wrong and are sorry, may "return" and do תְּשׁוּבָה ..

A true act of תְּשׁוּבָה asks two things. It asks that we feel truly sorry for the wrong which we have committed, and that we promise to do better.

.1 תְּשׁוּבָה – תְּ

תְּ תְ דְ רְ בְּ פְּ שְׁ לְ נְ מְ

.2 תְּשׁוּבָה – שׁוּ

שׁוּ תוּ דוּ רוּ בוּ פוּ תוּ

.3 תְּשׁוּבָה – תְּשׁוּ

תְּשׁוּ תְּרוּ תְּלוּ תְּנוּ תְּפוּ

.4 תְּשׁוּבָה – בָ

בָ בָּ תָ תָּ נָ דָ רָ פָּ שָׁ לָ

.5 תְּשׁוּבָה – בָה

בָה בָּה תָה תָּה נָה דָה

רָה פָּה שָׁה לָה אָה מָה

.6 תְּשׁוּבָה – בָה

בָה בָם בָד בָת בָשׁ בָר

.7 תְּשׁוּבָה – שׁוּבָה

שׁוּבָה נוּבָה לוּבָה

רוּבָה מוּבָה דוּבָה

RHYTHM READING

1. תְּשׁוּבָה תְּנוּבָה שְׁלוּבָה נְבוּבָה
2. בָה שָׁבָה לָה תָּלָה
3. מָה בָּמָה בָּה רַבָּה
4. שָׁבַר שָׁפַר שָׁשַׁר שָׁאַר
5. נָבָל נָפָל נָמָל נָדָל
6. בָּאוּ בָאוּ אָבוּ רָבוּ
7. אָבָדוּ שָׁאָלוּ שָׁבָתוּ שָׁבָרוּ
8. בָּנוּ בָנוּ דָנוּ לָנוּ
9. בָּם בָם רָם שָׁם דָם

SIDDUR WORDS

10. שַׁבָּת שַׁבַּת שָׁבַת שָׁלוֹם
11. אַתָּה אָתָה אוֹת אָבוֹת
12. דוֹר דוֹרוֹת דוֹרוֹתָם לְדוֹרוֹתָם
13. נוֹדֶה נוֹרָא תּוֹרָה תּוֹרַת
14. לָנוּ בָּנוּ בָנוּ אָנוּ

HEBREW
DICTIONARY

שׁוֹדֵד

robber

שׁוֹפָר

ram's horn

אַהֲבָה

אַהֲבָה means "love." The Torah commands us "You shall love your neighbor as yourself."

This command is based on the Jewish teaching of the brotherhood of man. Judaism tells us that we are all the children of one God. As children of one holy family we must show our אַהֲבָה by helping people who are in need.

Charity, visiting the sick, comforting mourners, helping people are deeds of אַהֲבָה.

1. אַהֲבָה – אַ

אַ תַּ תַ בַּ בַ נַ דַ רַ לַ שַׁ

2. אַהֲבָה – הַ

הַ דַ אַ תַּ תַ בַּ בַ נַ שַׁ פַּ

3. אַהֲבָה – בָ

בָ דָ אָ תָּ תָ בָּ בָ נָ שָׁ פָּ

4. אַהֲבָה – בָה

בָה בָּה הָה לָה פָּה שָׁה

תָּה תָה נָה מָה

5. אַהֲבָה – בָה

בָה בָם בָת בָד בָל בָשׁ

6. אַהֲבָה הֲבָה

הֲבָה הֲהָה הֲלָה הֲרָה

RHYTHM READING

1. אַהֲבָה לֶהָבָה לְבָבָה נְדָבָה
2. הָבָה שָׁבָה אָבָה רָבָה
3. הָדָר הָהָר נָהָר נָבָר
4. רָם הָרָם תָּם הַתָּם
5. נוֹרָה שׁוֹרָה שָׂרָה הָרָה
6. הוֹרָה מוֹרָה תּוֹרָה אוֹרָה
7. בַּת הַבַּת שַׁבַּת שַׁבָּת
8. בּוֹנֶה הַבּוֹנֶה שׁוֹנֶה הַשּׁוֹנֶה
9. אוֹפֶה הָאוֹפֶה אֹפֶל הָאֹפֶל

SIDDUR WORDS

10. הָבוּ הוֹדוּ הוֹדוֹת לְהוֹדוֹת
11. תְּפִלָּה תְּפִלּוֹת תְּהִלָּה תְּהִלּוֹת
12. אַהֲבָה בְּאַהֲבָה אַהֲבַת שַׁבָּת
13. אָהַב אָהַבְתָּ אַהֲבָה אַהֲבָהּ
14. אוֹת לְאוֹת אוֹתוֹת אוֹרוֹת

HEBREW DICTIONARY

הַר
mountain

נָהָר
river

עִבְרִי

עִבְרִי means "Hebrew." Today the name עִבְרִי is applied to Jews from the time of Abraham to the conquest of Palestine under Joshua.

עִבְרִי comes from the word עֲבַר which means to "pass over." This refers to the time Abraham passed over the river Euphrates and entered into the land of Canaan. From Ur in Iraq to Syria to Canaan

1. עִבְרִי – עִ

עִ אִ תִּ תִ בִּ בִ דִ רִ שִׁ פִּ
מִ הִ

2. עִבְרִי – עִבְ

עִבְ אִבְ תִּבְ תִבְ בִּבְ דִבְ
רִבְ שִׁבְ מִבְ הִבְ

3. עִבְרִי – עִבְ

עִבְ עִתְ עִדְ עִרְ עִשְׁ עִם

4. עִבְרִי – רִי

רִי בִּי בִי מִי דִי תִּי
תִי לִי פִּי עִי

RHYTHM READING

1. עִבְרִי שִׁבְרִי דִבְרִי עִבְרִי
2. עַל אַל בַּל דַל שַׁל
3. עָם נָם רָם שָׁם תָּת בָּם
4. עַד עָדַי עַל עָלַי עָר עָרַי
5. עָלַי אוּלַי אוּלָם עוֹלָם עוֹרָם
6. עָבַד עָמַד אָמַד אָבַד
7. עִיר שִׁיר דִיר רִיר עִיר
8. עֶלֶם תֶּלֶם בֶּלֶם עֶלֶם
9. עָבַר שָׁבַר שָׁבָר דָבָר

SIDDUR WORDS

10. עָנוּ בָּנוּ בָנוּ לָנוּ אָנוּ
11. עוֹלָם לְעוֹלָם הָעוֹלָם לְעוֹלָם
12. עַם עַמוֹ לְעַמוֹ עַד לָעַד
13. אֱמֶת בֶּאֱמֶת אֱמוּנָה בֶּאֱמוּנָה
14. שְׁמַע שְׁבִיעִי הַשְּׁבִיעִי הַשַּׁבָּת

HEBREW DICTIONARY

עִיר
city

עוֹלָם
world

בְּרָכָה

A בְּרָכָה is a blessing. "Blessed are You, O Lord," is a part of every בְּרָכָה.

There are four different kinds of בְּרָכוֹת: 1. A בְּרָכָה of thanks for food and drink; 2. A בְּרָכָה upon the performance of a commandment; 3. A בְּרָכָה of praise and thanks; 4. A בְּרָכָה forming part of a larger prayer.

.1 בְּרָכָה – בְּ

בְּ בְ דְ רְ לְ מְ נְ פְ תְּ תְ שְׁ

.2 בְּרָכָה – רָ

רָ דָ אָ בָּ בָ הָ עָ מָ נָ עָ תָּ
תָּ שָׁ

.3 בְּרָכָה – בְּרָ

בְּרָ בְּדָ בְּהָ בְּעָ בְּאָ
בְּבָ בְּפָ בְּלָ בְּנָ בְּמָ

.4 בְּרָכָה – כָה

כָה שָׁה לָה בָּה בָה
תָּה תָה פָה עָה אָה

.5 בְּרָכָה – כָה

כָה כָב כָד כָר כָל
כָת כָשׁ כָא כָע כָם

RHYTHM READING

1. בְּרָכָה בָּכָה דָכָה נָכָה
2. מִיכָה בוֹכָה תּוֹכָה כָמוֹכָה
3. הָלָכוּ דָרָכוּ מָשָׁכוּ מָלָכוּ
4. הָלְכָה דָרְכָה מָשְׁכָה מָלְכָה
5. מְלוּכָה מְבוּכָה מְשׁוּכָה מְדוֹכָה
6. שְׁכוּנָה תְּכוּנָה תְּכוּלָה שְׁכוּלָה
7. בְּכוֹרָה מְכוֹרָה מְנוֹרָה מְרוֹרָה
8. הֲכָנָה הֲבָנָה הַשָׁנָה הַמָנָה
9. עוֹנָה מוֹנָה מְכוֹנָה נְכוֹנָה

SIDDUR WORDS

10. כְבוֹד מַלְכוּתוֹ לְכוּ נֵלְכָה
11. אָנֹכִי אֲדֹנָי מִי כָמוֹכָה
12. מַעֲרִיב עֲרָבִים. מְשַׁנֶּה עִתִּים.
13. אַהֲבָה רַבָּה. אַתָּה אֲדֹנָי.

HEBREW
DICTIONARY

אֲדָמָה
land

תְּמוּנָה
picture

בָּרוּךְ

בָּרוּךְ means "blessed." Every בְּרָכָה begins with the word בָּרוּךְ.

Our rabbis tell us that, when God began to create the world, all the letters competed for honors. One letter wanted to be the first letter in Creation, another to be included in God's Name, and so on. The letter Bet did no ask for special favors.

God was so pleased with the letter Bet that he made it the first letter in the Torah and also the first letter in every blessing —

1. בָּרוּךְ – בָּ

בָּ בָ תָּ תָ מָ נָ פָּ

דָ רָ לָ אָ עָ שָׁ הָ

2. בָּרוּךְ – רוּ

רוּ דוּ מוּ עוּ אוּ שׁוּ תוּ

תּוּ בּוּ בוּ לוּ כוּ פוּ נוּ

3. בָּרוּךְ – רוּךְ

רוּךְ שׁוּךְ מוּךְ דוּךְ לוּךְ

נוּךְ תּוּךְ תוּךְ בּוּךְ בוּךְ

4. בָּרוּךְ – בָּרוּ

בָּרוּ שָׁרוּ תָּרוּ עָרוּ אָרוּ

מָרוּ דָרוּ שָׁרוּ נָרוּ הָרוּ

5. בָּרוּךְ – בָּרוּ

בָּרוּ בָּנוּ בָּדוּ בָּאוּ בָּלוּ

RHYTHM READING

1. בָּרוּךְ עָרוּךְ אָרוּךְ דָרוּךְ
2. עָרַךְ דָרַךְ אָרַךְ הָרַךְ
3. דֶרֶךְ בֶּרֶךְ אֶרֶךְ עֶרֶךְ
4. בָּרוּךְ בְּרוּכָה דָרוּךְ דְרוּכָה
5. בְּרָכָה בָּכָה בּוֹכָה מִיכָה
6. תְּפִלָה תְּהִלָה מִלָה תִּלָה
7. תְּשׁוּבָה תְּנוּבָה תְּנוּפָה תְּרוּפָה
8. תּוֹךְ מוֹךְ תּוֹךְ רֹךְ תּוֹךְ
9. לְךָ שֶׁלְךָ בְּךָ שֶׁבְּךָ

SIDDUR WORDS

10. בָּרוּךְ אַתָּה אֲדֹנָי אֱלֹהִים.
11. בָּרְכוּ אֶת אֲדֹנָי הַמְבֹרָךְ.
12. לְכָה דוֹדִי. בְּרִית עוֹלָם.
13. מֶלֶךְ הָעוֹלָם. אַהֲבַת עוֹלָם.
14. נוֹדֶה לְךָ. אֶת עַמְּךָ.

HEBREW DICTIONARY

אוֹת	ב	דִירָה
letter		apartment

שָׂרָה

שָׂרָה was the first of the Four Mothers of Israel. The other Mothers were: Rebecca, Rachel, Leah.

Abraham married שָׂרָה and very late in life she gave birth to a son named Isaac.

When שָׂרָה died, Abraham buried her in the cave of Machpelah.

Our rabbis tell us that as long as שָׂרָה lived, heavenly rays of light surrounded her tent, and when she died, the light disappeared.

.1 שָׂרָה – שָׂ

שָׂ שָׂ תָ תָּ בָּ בָ

נָ פָּ דָ אָ עָ הָ

.2 שָׂרָה – רָ

רָ שָׂ שָׂ לָ מָ נָ

כָ הָ בָ פָּ דָ אָ

.3 שָׂרָה – רָה

רָה שָׂה שָׂה תָה לָה

דָה אָה עָה פָּה כָה

.4 שָׂרָה – רָה

רָה רָע רָא רָשׁ רָשׂ

רָל רָר רָב רָד

RHYTHM READING

.1	שָׁרָה	שָׁרָה	פָּרָה	דָּרָה
.2	תּוֹרָה	אוֹרָה	נוֹרָא	מוֹרָא
.3	שָׁם	שָׁמָה	שָׁם	שָׁמָה
.4	מָה	שְׁמָה	מַה	שְׁמַע
.5	עָשָׂר	בָּשָׂר	בְּשׂוֹרָה	בְּכוֹרָה
.6	עָשָׂה	עָשִׂינוּ	עָנָה	עָנִינוּ
.7	עָלָה	עָלִינוּ	אָבָה	אָבִינוּ
.8	שִׂים	אָשִׂים	עִם	נָעִים
.9	שָׁם	שָׁמְךָ	שִׁמְךָ	שְׁמֶךָ

SIDDUR WORDS

.10 בָּרוּךְ אַתָּה אֲדֹנָי.

.11 עוֹשֶׂה שָׁלוֹם. נוֹדֶה לְךָ.

.12 שִׂים שָׁלוֹם. שַׁבַּת שָׁלוֹם.

.13 אַהֲבַת עוֹלָם. עַל לְבָבֶךָ.

.14 לְךָ עָנוּ שִׁירָה רַבָּה.

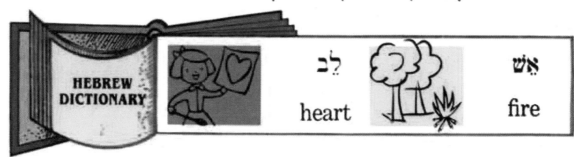

HEBREW DICTIONARY

לֵב

heart

אֵשׁ

fire

יִשְׂרָאֵל

יִשְׂרָאֵל means "Champion of God." God changed Jacob's name to יִשְׂרָאֵל when he wrestled with an angel. From that time on the Hebrews, Jacob's descendants, were called the Children of יִשְׂרָאֵל.

יִשְׂרָאֵל was the name of the first kingdom of the Hebrew people.

In the year 1948, יִשְׂרָאֵל once more was re-established as the Jewish State.

1. יִשְׂרָאֵל – יִ

יִ אִ עִ הִ דִ לִ

2. יִשְׂרָאֵל – יִשְׂ

יִשְׂ בִּשְׂ תִּשְׂ הִשְׂ אִשְׂ

3. יִשְׂרָאֵל – רָ

רָ כָ אָ עָ יָ תָ

תָּ שָׁ שָׂ לָ הָ פָּ

4. יִשְׂרָאֵל – אֵ

אֵ יֵ עֵ הֵ כֵ רֵ

5. יִשְׂרָאֵל – אֵל

אֵל אֵת אֵד אֵר אֵב

אֵם אֵשׁ אֵה אֵי

6. יִשְׂרָאֵל – אֵל

אֵל בֵּל הֵל יֵל כֵל

לֵל מֵל נֵל עֵל פֵּל

RHYTHM READING

1. יִשְׂרָאֵל הָאֵל לָאֵל כָּאֵל
2. יוֹאֵל שׁוֹאֵל פּוֹעֵל מוֹעֵל
3. לַיִשׁ תַּיִשׁ שַׁיִשׁ שַׁיִת Layesh w/o vowel, you hear the y
4. מַיִם שָׁמַיִם בַּמַיִם לַמַיִם Heaven or Sky
5. יֵשׁ שֵׁשׁ רֵשׁ אֵשׁ
6. יָד יָדַי יָדַיִם הַיָדַיִם Hands
7. עַל עָלַי אֶל אֵלַי
8. אַיָה אַיֵה דַיָה הָיָה
9. יוֹם הַיוֹם הֲדוֹם הֲלוֹם

SIDDUR WORDS

10. שְׁמַע יִשְׂרָאֵל. אֲדֹנָי אֱלֹהֵינוּ.
11. בָּרוּךְ שֵׁם. בָּרוּךְ אַתָּה.
12. לִפְנֵי מֶלֶךְ מַלְכֵי הַמְּלָכִים.
13. בָּרְכוּ אֶת אֲדֹנָי הַמְבֹרָךְ.
14. בָּרוּךְ אֲדֹנָי הַמְבֹרָךְ לְעוֹלָם.

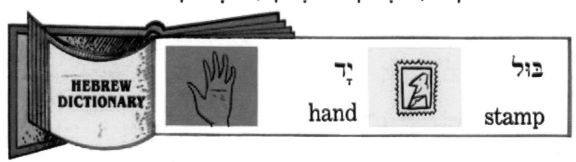

HEBREW DICTIONARY

יָד
hand

בּוּל
stamp

יְרוּשָׁלַיִם

יְרוּשָׁלַיִם is situated in the center of the hills of Judea, 2,000 feet high. Kind David brought the Ark of the Covenant to יְרוּשָׁלַיִם and made the city the capital of Israel. The First and Second Temple were in יְרוּשָׁלַיִם.

יְרוּשָׁלַיִם is a holy city to the three major religions, Judaism, Christianity and Mohammedanism.

.1 יְרוּשָׁלַיִם – יְרוּ

יְרוּ יְבוּ יְתוּ יְשׁוּ יְפוּ

.2 יְרוּשָׁלַיִם – שָׁ

שָׁ יָ רָ לָ מָ הָ

.3 יְרוּשָׁלַיִם – לַ

לַ יַ רַ שַׁ שַׂ תַ

.4 יְרוּשָׁלַיִם – יִ

יִ שִׁ שִׂ תִ בִּ בִ

.5 יְרוּשָׁלַיִם – יִם

יִם יִב יִשׁ יִשׂ יִל

.6 יְרוּשָׁלַיִם – יִם

יִם בִּם בִם שִׁם שִׂם

אִם עִם נִם פִּם הִם

.7 יְרוּשָׁלַיִם – לַיִם

לַיִם מַיִם תַּיִם נַיִם

יַיִם עַיִם רַיִם דַּיִם

RHYTHM READING

1. יְרוּשָׁלַיִם שׁוּלַיִם שָׁמַיִם יָדַיִם
2. שָׁמַיִם שָׁמַע יָדַיִם יָדַע
3. אַיִל לַיִל תַּיִל תַּיִשׁ
4. עִיר שִׁיר נִיר דִּיר
5. שָׂרָה שָׂרָה יָרָה מָרָה
6. מוֹרָשָׁה דְּרָשָׁה דְּרוּשָׁה יְרוּשָׁה
7. אֵל אֵלִי אֵלִים בָּאֵלִים
8. בָּרוּךְ עָרוּךְ עָרֹךְ אָרֹךְ
9. שָׁמַר שָׁמַע שְׁמַע שֵׁמַע

SIDDUR WORDS

10. אֵל מֶלֶךְ. שׁוֹמֵר עַמּוֹ.
11. מֶלֶךְ מֵמִית. בְּרִית עוֹלָם.
12. אֱלֹהֵי עוֹלָם. אֱלֹהֵי אַבְרָהָם.
13. מִי כָמֹכָה בָּאֵלִים אֲדֹנָי.
14. לְכָה דוֹדִי. שִׁיר דַּבֵּרִי.

HEBREW DICTIONARY

אֲרִי
lion

מַתָּנָה
present

חַלָּה

Today חַלָּה refers to the twisted loaves of white bread which we eat on Shabbat and holidays.

חַלָּה in the Torah referred to a special bread tax collected, to feed the priests. The rabbis taught that a housekeeper was to donate one out of twenty-four loaves she baked, and a breadmaker was to give one out of forty-eight to the priests.

.1 חַלָּה – חַ

חַ כַ בַּ בַ תַּ תַ

שַׁ שַׁ אַ עַ דַ נַ

.2 חַלָּה – לָ

לָ מָ יָ רָ פָּ גָ

הָ כָ שָׁ דָ תָ אָ

.3 חַלָּה – לָה

לָה לָד לָב לָת לָשׁ

לָא לָל לָח לָשׁ לָי

.4 חַלָּה – לָה

לָה בָּה בָה דָה הָה

חָה יָה כָה מָה נָה

RHYTHM READING

1. חַלָה אַלָה דַלָה הַלָה
2. נָחָה שָׁחָה בָּכָה דָכָה
3. מְנוּחָה מְתוּחָה מְלוּחָה מְרוּחָה
4. בְּרָכָה שְׁבָחָה שְׁמָחָה אֲנָחָה
5. חָלָה תָּלָה עָלָה אָלָה
6. חַי חַיִּים שַׁי שַׁיִּים

Chai Shai

7. חַד אַחַד אֶחָד אֶחָת
8. שִׂמְחָה נִמְחָה מִנְחָה מִשְׁחָה
9. חֲדָשָׁה עֲדָשָׁה עֲדָשִׁים חֲדָשִׁים

SIDDUR WORDS

10. שְׁמַע יִשְׂרָאֵל, אֲדֹנָי אֱלֹהֵינוּ,
11. אֲדֹנָי אֶחָד. אֶחָד אֱלֹהֵינוּ.
12. רַחֵם עָלֵינוּ. מְחַל לָנוּ.
13. רְפוּאָה שְׁלֵמָה. שׁוֹמֵעַ תְּפִלָּה.
14. אֵל חַי יִמְלֹךְ עָלֵינוּ.

HEBREW DICTIONARY

יַלְדָּה
girl

יֶלֶד
boy

לוּחַ

לוּח means "tablet," or "blackboard," or "calendar."

The Ten Commandments are inscribed on two לוּחוֹת or tablets.

The Hebrew calendar which is also called לוּחַ, consists of 12 months in ordinary years and 13 months in leap years. This לוּחַ is based on the revolutions of the moon.

.1 לוּחַ – לוּ

לוּ שׁוּ שׁוּ תּוּ תוּ

יוּ אוּ עוּ הוּ כוּ

.2 לוּחַ – לוּחַ

לוּחַ דוּחַ שׁוּחַ שׁוּחַ רוּחַ

נוּחַ בּוּחַ בוּחַ פוּחַ תוּחַ

RHYTHM READING

1. לוּחַ רוּחַ נוּחַ שׁוּחַ
2. רֵיחַ יָרֵחַ אוֹרֵחַ בּוֹרֵחַ
3. שַׁבֵּחַ לְשַׁבֵּחַ שַׂמֵּחַ לְשַׂמֵּחַ
4. שַׁלֵּחַ לְשַׁלֵּחַ בַּדֵּחַ לְבַדֵּחַ
5. נוֹחַ מָנוֹחַ מָרֹחַ מָשֹׁחַ
6. מָשִׁיחַ מֵנִיחַ מֵרִיחַ מֵשִׂיחַ
7. מָשַׁח מָרַח מָתַח מָלַח
8. מָשַׁךְ מָלַךְ הָלַךְ הָפַךְ
9. חַיִּים חַיַּי חַיֶּיךָ חַיֵּינוּ

Ha-yaing

SIDDUR WORDS

10. הֵם חַיֵּינוּ. אֹרֶךְ יָמֵינוּ.
11. מַשִּׁיב הָרוּחַ. שִׁירָה חֲדָשָׁה.
12. אַתָּה אֶחָד. שִׁמְךָ אֶחָד.
13. מְנוּחָה שְׁלֵמָה. מְנוּחַת שָׁלוֹם.
14. עָלֵינוּ לְשַׁבֵּחַ. מִי כָמוֹךָ.

HEBREW DICTIONARY

יָרֵחַ
moon

מֶלֶךְ
king

חֻמָשׁ

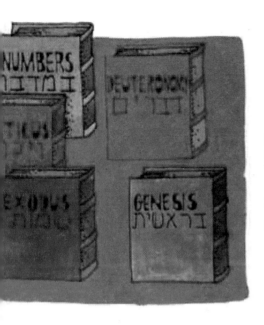

חֻמָשׁ comes from the Hebrew word "five," and is used as the shortened form for the Five Books of Moses.

The five books are: Genesis (Bereshit), Exodus (Shemot), Leviticus (Vayikra), Numbers (Bamidbar), and Deuteronomy (Devarim).

The חֻמָשׁ contains the early history of Jewish-people and the laws by which they were to live.

.1 חֻמָשׁ – חֻ

חֻ כֻ אֻ עֻ הֻ דֻ

לֻ מֻ נֻ פֻ שֻׁ יֻ

.2 חֻמָשׁ – מָ

מָ תָּ תָ שָׁ שָׁ רָ

חָ כָ אָ עָ הָ דָ

.3 חֻמָשׁ – מָשׁ

מָשׁ תָּשׁ רָשׁ חָשׁ לָשׁ

עָשׁ דָשׁ יָשׁ אָשׁ נָשׁ

.4 חֻמָשׁ – מָשׁ

מָשׁ מָר מָת מָשׁ מָל

מָה מָד מָב מָךְ מָם

RHYTHM READING

1. חֲמָשׁ מַמָשׁ שַׁמָשׁ חוּמָשׁ
2. חֲבָּה בֲּבָּה דֲבָּה רֲבָּה
3. אֲמָה תֲּמָה דוּמָה נוּמָה
4. מְכֲבָּד מְחֲמָשׁ מְאֲשָׁר מְהֲלָל
5. שְׁמַע שְׁבַע מְנַע תְּשַׁע
6. בָּרוּךְ עָרוּךְ נָשׁוּךְ מָשׁוּךְ
7. מָלַךְ מָלַח מָשַׁח מָשַׁךְ
8. מֶלֶךְ מַלְכֵי מְלָכִים הַמְלָכִים
9. שִׁיחַ מָשִׁיחַ שׁוּחַ לָשׁוּחַ

SIDDUR WORDS

10. חַיֵי עוֹלָם. תּוֹרַת אֱמֶת.
11. הוֹדוּ לוֹ. בָּרְכוּ שְׁמוֹ.
12. הַשָּׂם נַפְשֵׁנוּ בַּחַיִים. אֲנִי אֲדֹנָי.
13. אֱמֶת אֱלֹהֵי עוֹלָם. מֶלֶךְ הָעוֹלָם.
14. רוֹפֵא חוֹלִים. רְפוּאָה שְׁלֵמָה.

HEBREW
DICTIONARY

בֻּבָּה
doll

מַלָּח
sailor

קִדּוּשׁ

קִדּוּשׁ means "sanctification." This is the blessing which is recited at the beginning of each Shabbat and holiday meal over a cup of wine or hallah.

In the synagogue, the קִדּוּשׁ is chanted at the close of the Friday evening service.

1. קִדּוּשׁ – קָ		קָ	דְ	רְ	שְׁ	שְׁ	תָ
		תָ	בְּ	בְ	פְ	אָ	עָ

2. קִדּוּשׁ – דּוּ		דּוּ	קוּ	לוּ	מוּ	נוּ	
		יוּ	כוּ	הוּ	דוּ	בוּ	

3. קִדּוּשׁ – דוּשׁ		דוּשׁ	לוּשׁ	מוּשׁ	תוּשׁ	אוּשׁ	
		פוּשׁ	חוּשׁ	קוּשׁ	רוּשׁ	כוּשׁ	

4. קִדּוּשׁ – דוּשׁ		דוּשׁ	דוּר	דוּשׁ	דוּד	דוּת	
		דוּם	דוּךְ	דוּל	דוּק	דוּשׁ	

38

RHYTHM READING

1. קִדוּשׁ חִדוּשׁ חִדֵשׁ קִדֵשׁ
2. קָדוֹשׁ קָרשׁ קָשׁר קָשׁשׁ
3. קַדֵשׁ מְקַדֵשׁ חַדֵשׁ מְחַדֵשׁ
4. תָּקַע שָׁקַע רֶקַע בֶּקַע
5. בֹּקֶר יֹקֶר יָקָר בָּקָר
6. מָקוֹם מָרוֹם מָרִים קָרִים
7. קָדוֹשׁ קְדוּשָׁה קְדֻשָׁה קְדוֹשָׁה
8. קַיָם הַיָם בַּיָם לַיָם
9. לוֹקֵחַ רוֹקֵחַ שׁוֹכֵחַ אוֹרֵחַ

SIDDUR WORDS

10. אַתָּה קָדוֹשׁ, שִׁמְךָ קָדוֹשׁ.
11. אֱלֹהֵי אַבְרָהָם, אֱלֹהֵי יַעֲקֹב.
12. בָּרוּךְ אַתָּה. מְקַדֵשׁ הַשַׁבָּת.
13. שַׁבַּת קָדְשֶׁךָ. בְּשֵׁם קָדְשְׁךָ.
14. נָשִׂיחַ בְּחֻקֶּיךָ. בְּדִבְרֵי תוֹרָתֶךָ.

רִבָּה
jam, jelly

קֻמְקוּם
kettle

הַגָדָה

The הַגָדָה is the prayer book which is read during the seder ceremony on Passover. The הַגָדָה contains stories, prayers and songs, praising God for his deliverance of the Jews from Egyptian slavery.

The הַגָדָה has been published in many editions and a great number of them have been illustrated and illuminated by leading artists.

The word הַגָדָה is derived from the Hebrew word "to tell."

1. הַגָדָה – הַ

הַ קַ חַ יַ שַׁ שַׂ

חַ כַ הַ פַ תַּ תַ

2. הַגָדָה – גָ

הָ דָ אָ עָ בָּ

בָ הָ פָּ רָ קָ חָ

3. הַגָדָה – דָה

דָה גָה קָה חָה יָה

כָה פָּה נָה תָּה לָה

4. הַגָדָה – דָה

דָה דָג דָל דָב דָשׁ

דָת דָם דָךְ דָח דָר

5. הַגָדָה – גָדָה

גָדָה קָדָה חָדָה יָדָה

עָדָה פָּדָה רָדָה שָׂדָה

RHYTHM READING

1. הַגָדָה הַגָנָה הַגָהָה הַגָבָה
2. גָדַל גָמַל גָאַל גָלַל
3. גָדוֹל הַגָדוֹל גִבּוֹר הַגִבּוֹר
4. גְדוֹלָה גְדֻלָה גְאוּלָה גְאֻלָה
5. גְבוּרָה מְדוּרָה קְשׁוּרָה שְׁמוּרָה
6. מָשִׁיחַ נָשִׁיחַ נָשׁוּחַ מָשׁוּחַ
7. גוֹאֵל יוֹאֵל שׁוֹאֵל הוֹאֵל
8. נְגִילָה חֲלִילָה מְגִילָה מְחִילָה
9. שָׂמֵחַ יָרֵחַ נוֹגֵחַ אוֹרֵחַ

SIDDUR WORDS

10. אַתָּה גִבּוֹר לְעוֹלָם אֲדֹנָי.
11. הָאֵל הַגָדוֹל הַגִבּוֹר הַנוֹרָא.
12. מֵבִיא גְאֻלָה לִבְנֵי בְנֵיהֶם.
13. שִׁירָה חֲדָשָׁה שִׁבְּחוּ גְאוּלִים.
14. שְׁמַע קוֹלֵנוּ, אֲדֹנָי אֱלֹהֵינוּ.

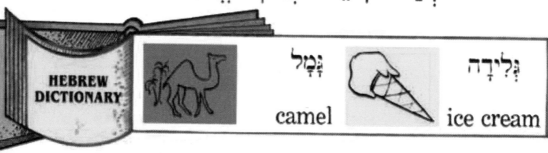

HEBREW DICTIONARY

גְלִידָה

ice cream

גָמָל

camel

סִדוּר

סֵדֶר means "order." The סִדוּר is a prayer book containing the prayers for the Shabbat and for daily worship. There are three daily prayer services: Shaharit, the morning service, Minha, the afternoon service, and Maariv, the evening service.

The first complete סִדוּר was edited by Saadia Gaon in the 10th century.

Today there are many editions of the סִדוּר . The סדור has been translated into many languages.

1. סִדוּר – סִ

סִ תִ גִ קִ כִ חִ

שִׁ שִׂ אִ עִ פִ דִ

2. סִדוּר – דוּ

דוּ סוּ תוּ לוּ נוּ בּוּ

בוּ גוּ קוּ יוּ רוּ מוּ

3. סִדוּר – דוּר

דוּר סוּר תוּר לוּר נוּר

בוּר גוּר קוּר יוּר רוּר

4. סִדוּר – דוּר

דוּר דוּג דוּשׁ דוּד דוּךְ

דוּק דוּס דוּל דוּת דוּם

דוּב

RHYTHM READING

1. סִדּוּר סִיּוּר שִׁדּוּר בְּדוּר

2. סָגַר סָחַר סָפַר סָקַר

3. נֵס נִסִּי נִסִּים הַנִּסִּים

Neys Neeseem

4. מָנוֹס מָנוֹת מָרוֹת מָעוֹת

Mah-nos

5. מָסַר סָתַר אָסַר עָתַר

6. קֶסֶם קֶסֶת קֶשֶׁת רֶשֶׁת

Keh-sem Keh-set

7. סֶלָה סֶלַע בֶּלַע קֶלַע

8. סוֹלֵחַ שׁוֹלֵחַ שׁוֹכֵחַ נוֹגֵחַ

9. אָסוּר מָסוּר לָסוּר נָסוּר

SIDDUR WORDS

10. תּוֹרַת חַיִּים. אַהֲבַת חֶסֶד.

11. חַסְדֵי אָבוֹת. מֵבִיא גְאֻלָּה.

12. אַל תָּסִיר מִמֶּנּוּ לְעוֹלָמִים.

13. סוֹמֵךְ נוֹפְלִים, רוֹפֵא חוֹלִים.

14. מַתִּיר אֲסוּרִים. מְקַיֵּם אֱמוּנָתוֹ.

HEBREW DICTIONARY

סוּס
Soose
horse

סֵפֶר
Sah-fer
book

פֶּסַח

פֶּסַח has three names. In English these are: Passover, Feast of Freedom and Festival of Matzot.

פֶּסַח marks the beginning of spring. On פֶּסַח we celebrate the deliverance of the Hebrews from Egyptian slavery with a special feast called a seder. At the seder we retell the story of the freeing of our forefathers from the land of Egypt. We also eat matzot for a whole week.

1. פֶּסַח – פֶּ

פֶּ סֶ גֶ קֶ חֶ יֶ

שֶׁ שֶׁ כֶ פֶ שֶׁ שֶׁ

2. פֶּסַח – סַ

סַ פַּ פַ חַ כַ לַ

בַּ בַ אַ עַ דַ שַׁ

3. פֶּסַח – סַח

סַח פַח לַח בַּח בַח

נַח רַח תַח גַח קַח

4. פֶּסַח – סַח

סַח סַל סַם סַךְ סַד

סַב סַר סַע סַי סַק

RHYTHM READING

1. פֶּסַח פֶּרַח פֶּתַח פֶּלַח
2. פּוֹדֶה פּוֹרֶה פּוֹתֶה פּוֹשֶׁה
3. פָּנָה פָּנִים בָּנָה בָּנִים
4. פָּגַשׁ פָּרַשׁ פָּרָשׁ חָרָשׁ
5. פּוֹתֵחַ פּוֹרֵחַ פּוֹקֵחַ פּוֹסֵחַ
6. קוּמֶךָ יָדֶךָ לְבָבֶךָ מְאֹדֶךָ
7. פָּנֶיךָ עֵינֶיךָ בֵּיתֶךָ אֵלֶיךָ
8. פָּתָחוּ פָּסָחוּ פָּקָחוּ פָּרָחוּ
9. עַל פָּעַל גָּאַל שָׁאַל

SIDDUR WORDS

10. אֶרֶךְ אַפַּיִם, רַב חֶסֶד.
11. פּוֹתֵחַ שְׁעָרִים. מְשַׁנֶּה עִתִּים.
12. בְּאוֹר פָּנֶיךָ נָתַתָּ לָנוּ.
13. יָאֵר אֲדֹנָי אֵלֶיךָ.
14. אֵל פּוֹעֵל יְשׁוּעוֹת אָתָּה.

HEBREW DICTIONARY

פָּרָה

cow

סֵפֶל

cup

יוֹסֵף

יוֹסֵף was the eleventh son of Jacob and the first son of Rachel. He was Jacob's favorite, and he was good at interpreting dreams. His brothers were jealous of יוֹסֵף and sold him into Egyptian slavery.

Through his wisdom in interpreting dreams, יוֹסֵף became a prince in Egypt and saved the country from a terrible famine.

יוֹסֵף brought his father Jacob (Israel), his brothers and their families to Egypt. That is how the Children of Israel came to Egypt.

1. יוֹסֵף – יוֹ

יוֹ פוֹ סוֹ גוֹ קוֹ חוֹ

כוֹ אוֹ עוֹ תֹ תוֹ נוֹ

2. יוֹסֵף – סֵ

סֵ תֵ שֵׁ שֵׂ לֵ מֵ

דֵ רֵ פֵּ בֵּ בֵ

3. יוֹסֵף – סֵף

סֵף יֵף גֵף קֵף חֵף

רֵף נֵף דֵף אֵף לֵף

4. יוֹסֵף – סֵף

סֵף סֵךְ סֵם סֵל סֵד

סֵר סֵק סֵג סֵב סֵת

RHYTHM READING

1. יוֹסֵף אוֹסֵף אוֹפֵף עוֹפֵף
2. חוֹף סוֹף תּוֹף עוֹף
3. אָסַף רָדַף עָקַף עָרַף
4. עָיֵף יָעֵף יָחֵף דוֹחֵף
5. עוּף לָעוּף סוּף בַּסוּף
6. אָסַף אָסַפְתִּי דָחַף דָחַפְתִּי
7. שָׂרַף שָׂרַפְתִּי עָקַף עָרַף
8. חֹרֶף חֹרֶב חֶרֶב הֶרֶף
9. עָף עָפָה עָפָר הֶעָפָר

SIDDUR WORDS

10. חָרָה אַף אֲדֹנָי בָּכֶם.
11. יַם סוּף בָּקַעְתָּ לִפְנֵיהֶם.
12. יִשָּׂא אֲדֹנָי אֵלֶיךָ.
13. אֲנִי אֲדֹנָי אֱלֹהֵיכֶם אֱמֶת.
14. נוֹדֶה לְּךָ, נְסַפֵּר תְּהִלָּתֶךָ.

HEBREW DICTIONARY

חָנוּת — store, shop

קוֹף — monkey

סֻכּוֹת

סֻכּוֹת means *"booths."* The holiday of סֻכּוֹת is also called the Feast of Tabernacles and celebrates the time our ancestors wandered in the wilderness and lived in temporary booths.

On סֻכּוֹת we too build booths of branches and decorate them with flowers and fruits. We also recite blessings over the *lulav* and *etrog*.

1. סֻכּוֹת – סֻ

סֻ תֻ שֻׁ שֻׂ לֻ מֻ

נֻ חֻ כֻ אֻ עֻ יֻ

2. סֻכּוֹת – כּוֹ

כּוֹ כוֹ פּוֹ פוֹ גוֹ

בּוֹ בוֹ תּוֹ תוֹ דוֹ

3. סֻכּוֹת – כּוֹת

כּוֹת כוֹת נוֹת מוֹת אוֹת

פּוֹת פוֹת קוֹת דוֹת חוֹת

4. סֻכּוֹת – כּוֹת

כּוֹת כּוֹל כּוֹס כּוֹף כּוֹךְ

כּוֹשׁ כּוֹד כּוֹג כּוֹר כּוֹם

RHYTHM READING

1. סֻכּוֹת סֻכָּה סֻכָּר הַסֻכָּר
2. כֹּל כֻּלִי כֻּלוֹ כֻּלָנוּ
3. כָּכָה כָּבָה כָּפָה כָּלָה
4. כַּבִּיר אַבִּיר אַכִּיר תַּכִּיר
5. כִּסֵּא כִּסָּה כִּפָּה כִּלָּה
6. כָּבוֹד כְּבוֹד כְּבוֹדִי כְּבוֹדוֹ
7. כַּף כַּפַּיִם אַף אַפַּיִם
8. כַּפִּי כַּפַּי אַפִּי אַפַּי
9. כִּפּוּר סִפּוּר סִפּוּרִים כִּפּוּרִים

SIDDUR WORDS

10. לְכָה דוֹדִי לִקְרַאת כַּלָּה.
11. בָּרוּךְ שֵׁם כְּבוֹד מַלְכוּתוֹ.
12. בָּרוּךְ כְּבוֹד אֲדֹנָי מִמְּקוֹמוֹ.
13. הוּא אָבִינוּ, הוּא מַלְכֵּנוּ.
14. אָבִינוּ מַלְכֵּנוּ חָנֵּנוּ.

HEBREW
DICTIONARY

כַּדּוּר

ball

כִּסֵּא

chair

חֲנוּכָּה

חֲנוּכָּה (Feast of Dedication) is celebrated for eight days. On the first night on חֲנוּכָּה we light one candle, on the second night, two, and so on, until, on the eighth night all the candles in the menorah are lit.

חֲנוּכָּה celebrates the victory of a small Jewish army over the mighty Syrians.

1. חֲנוּכָּה – חֲ

חַ כַ כַּ לַ מַ נַ

2. חֲנוּכָּה – נוּ

נוּ בּוּ בוּ תּוּ תוּ

3. חֲנוּכָּה – חֲנוּ

חֲנוּ הֲנוּ אֲנוּ עֲנוּ

4. חֲנוּכָּה – חֲנוּ

חֲנוּ חֲבוּ חֲלוּ חֲגוּ

חֲדוּ חֲסוּ חֲפוּ חֲיוּ

5. חֲנוּכָּה – כָּה

כָּה בָּה לָה מָה

6. חֲנוּכָּה – כָּה

כָּה כָּל כָּךְ כָּם כָּף

7. חֲנוּכָּה – נוּכָּה

נוּכָּה הוּכָּה מוּכָּה סוּכָּה

לוּכָּה דוּכָּה תּוּכָּה חוּכָּה

1.	חֲנֻכָּה	אֲרוּכָה	אֲבוּקָה	אֲבוֹדָה
2.	חִכָּה	הִכָּה	סֻכָּה	דִּכָּה
3.	סֻכָּה	סוּכָּה	סִכָּה	נִכָּה
4.	סִידוּר	סְדוּר	כַּדוּר	חָדוּר
5.	קִידוּשׁ	קָדוֹשׁ	חָדוֹשׁ	גָּדוֹשׁ
6.	כֹּח	מֹחַ	רֵיחַ	יָרֵחַ
7.	כֶּרֶךְ	פֶּרֶךְ	בֶּרֶךְ	דֶּרֶךְ
8.	בָּרוּךְ	בְּרוּכָה	בְּרָכָה	הַבְּרָכָה
9.	אֶלֶף	אַלְפִּי	כֶּסֶף	כַּסְפִּי

(handwritten under 6: *Strength* above כֹּח, *Brain* above מֹחַ)

10. לְהַדְלִיק נֵר שֶׁל חֲנֻכָּה.

11. בָּרוּךְ שֶׁעָשָׂה נִסִּים לַאֲבוֹתֵינוּ.

12. הַנֵּרוֹת הַלָּלוּ אֲנַחְנוּ מַדְלִיקִים.

13. כָּל שְׁמֹנַת יְמֵי חֲנֻכָּה.

14. בָּחַר בָּנוּ מִכָּל הָעַמִּים.

HEBREW DICTIONARY		כֶּלֶב dog	כַּרְטִיס ticket

חַזָּן

A חַזָּן is a cantor. The חַזָּן has a trained musical voice and assists the rabbi in conducting the prayer services.

Today there are many schools which specialize in training gifted students to be חַזָּנִים (cantors).

.1 חַזָּן – חַ

חַ כַ שַׁ שַׂ מַ לַ

כַּ קַ פַּ פַ אַ עַ

.2 חַזָּן – זָ

זָ גָ חָ כָ סָ תָ

פָּ פָ בָּ בָ יָ אָ

.3 חַזָּן – זָן

זָן אָן מָן לָן דָן

נָן רָן הָן גָן תָן

.4 חַזָּן – זָן

זָן זָךְ זָג זָר זָב

זָד זָח זָק זָף זָם

1.	חַזָן	הַזָן	הֻזָר	הַזָךְ
2.	חָזָר	עָזָר	גָזָר	שָׁזָר
3.	מָזוֹן	מָרוֹן	מָעוֹן	מָכוֹן
4.	זָן	לָן	מָן	דָן
5.	זַיִן	אַיִן	עַיִן	יַיִן
6.	זָקֵן	זָקֵן	זְקֵנָה	זִקְנָה
7.	אָכֵן	הָכֵן	לָכֵן	שָׁכֵן
8.	זָדוֹן	אָדוֹן	מָדוֹן	מָלוֹן
9.	גֶפֶן	דְפֶן	חֹפֶן	אֹפֶן

(handwritten note at row 3: Ma – zon)

SIDDUR WORDS

10. בָּרוּךְ הַזָן אֶת הַכֹּל.

11. אֲדֹנָי אֱלֹהֵינוּ, אֵין זוּלָתוֹ.

12. מֶלֶךְ עוֹזֵר מוֹשִׁיעַ מָגֵן.

13. בָּרוּךְ בּוֹרֵא פְּרִי הַגָּפֶן.

14. בַּיָמִים הָהֵם בַּזְמַן הַזֶה.

HEBREW DICTIONARY

זְקֵנָה old woman — זָקֵן old man

53

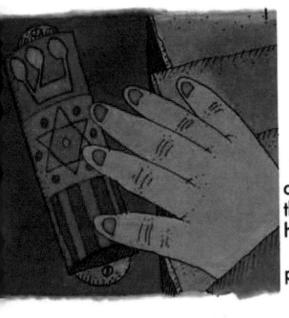

מְזוּזָה

מְזוּזָה means "doorpost." The מְזוּזָה consists of a decorative case in which the מְזוּזָה, a passage from the Torah (Deut. 6:4-9) and other verses have been handwritten on a piece of parchment.

The מְזוּזָה is placed on the right side of the doorpost of homes, temples and schools.

1. מְזוּזָה – זוּ

זוּ גוּ פּוּ בּוּ בוּ

כּוּ כוּ חוּ תוּ תּוּ קוּ

2. מְזוּזָה – מְזוּ

מְזוּ מְדוּ מְחוּ מְכוּ

מְקוּ מְפוּ מְבוּ מְשׁוּ

3. מְזוּזָה – זָה

זָה בָּה בָה לָה מָה

פָּה פָה סָה תָה תָּה

4. מְזוּזָה – זָה

זָה זָב זָג זָז זָע

זָן זָךְ זָר זָם זָק

5. מְזוּזָה – זוּזָה

זוּזָה לוּזָה מוּזָה חוּזָה

רוּזָה עוּזָה קוּזָה גוּזָה

RHYTHM READING

1. מְזוּזָה אֲחוּזָה אֲרוּזָה לוּזָה
2. זָר גָר סָר פָּר הָר
3. זָכַר מָכַר עָכַר חָכַר
4. זָמִיר שָׁמִיר עָמִיר יָמִיר
5. זְבוּב זְבוּל זְהוּב כְּרוּב
6. פָּז גָז רָז אָז
7. זַךְ הַךְ רַךְ אַךְ
8. זָקֵף זָקֵן זָקִיף עָקִיף
9. זִכָּרוֹן שִׁכָּרוֹן עִפָּרוֹן עִשָּׂרוֹן

SIDDUR WORDS

10. כְתַבְתָּם עַל מְזוּזוֹת בֵּיתֶךָ.
11. אֲדֹנָי זוֹכֵר חַסְדֵי אָבוֹת.
12. מֶלֶךְ עוֹזֵר. מֶלֶךְ חַי.
13. אֲדֹנָי אֱלֹהֵינוּ, אֵין זוּלָתוֹ.
14. עֵינֵי כֹל אֵלֶיךָ יְשַׂבֵּרוּ.

כַּד
pitcher

עֲנִיבָה
necktie

מַצָּה

מַצָּה is unleavened bread. The Torah commands us to eat מַצָּה during the week of Passover. The unleavened bread reminds us of the flight of the Children of Israel from the land of Egypt.

Our forefathers left so hurriedly that they had no time to bake bread, so they strapped the raw dough on their backs and fled. The hot desert sun soon baked the raw dough into מַצָּה.

1. מַצָּה – מַ

מַ פַּ פַ דַ רַ יַ

סַ תַ שַׂ שַׁ גַ זַ

2. מַצָּה – צָ

צָ רָ קָ כָּ כָ חָ

בָּ בָ הָ דָ זָ גָ

3. מַצָּה – צָה

צָה יָה מָה לָה בָּה

כָּה כָה חָה גָה זָה

4. מַצָּה – צָה

צָה צָב צָם צָד צָג

צָף צָךְ צָר צָק צָן

RHYTHM READING

.1	מַצָּה	מַכָּה	כַּמָּה	כַּלָּה
.2	צָם	צָר	צָד	צָב
.3	צוֹפֶה	אוֹפֶה	אוֹדֶה	מוֹדֶה
.4	צָדַק	צָחַק	צָעַק	צָמַק
.5	צִיֵּר	צִיֵּד	צִיֵּת	צִיֵּן
.6	צִיוֹן	צִיּוּן	צִיּוּר	דִּיּוּר
.7	צוֹמֵחַ	צוֹרֵחַ	זוֹרֵחַ	בּוֹרֵחַ
.8	קָצַף	רָצַף	צָרַף	שָׂרַף
.9	רָצוֹן	לָצוֹן	לָשׁוֹן	שָׂשׂוֹן

SIDDUR WORDS

.10 יוֹצֵר אוֹר, בּוֹרֵא חֹשֶׁךְ.

.11 בָּרוּךְ אַתָּה יוֹצֵר הַמְּאוֹרוֹת.

.12 צוּר חַיֵּינוּ, מָגֵן יִשְׁעֵנוּ.

.13 אֱלֹהַי נְצוֹר לְשׁוֹנִי מֵרָע.

.14 אֱלֹהֵי אַבְרָהָם אֱלֹהֵי יִצְחָק.

צָב
turtle

צוֹפֶה
scout

מִצְוָה

מִצְוָה means "commandment," or "good deed." It comes from the Hebrew word צִוָּה—"to command."

There are 248 positive מִצְוֹת (you shall ...) corresponding to the parts of the body—each part begs man to perform a מִצְוָה with it. There are 365 negative מִצְוֹת (you shall not ...) corresponding to the number of days in the year—each day begs man not to sin.

1. מִצְוָה – מִ

מִ נִ סִ שִׁ שִׂ גִ

פִּ פִ קִ כִּ יִ עִ

2. מִצְוָה – מִצְ

מִצְ מִסְ מִשְׁ מִחְ מִכְ

מִקְ מִבְ מִפְּ מִמְ מִלְ

3. מִצְוָה – וָ

וָ זָ חָ הָ פָּ פָ

צָ גָ הָ נָ מָ קָ

4. מִצְוָה – וָה

וָה בָה גָה זָה דָה

רָה שָׁה פָּה פָה

5. מִצְוָה – וָה

וָה וָו וָז וָם וָס

וָק וָג וָדּ וָן וָר

RHYTHM READING

1. מִצְוָה מִקְוָה מִלְוָה מִכְוָה

2. צִוָּה צִוָּנוּ עָוָה עָוִינוּ

3. מִצְוָה מִצְוֹת מַצּוֹת מַצָּה

Matzoht Mitzvot

4. עָוָה עָוֹן עֲוֹנִי עֲוֹנוֹת

Ah-voh-nee Ah-von

5. עָוָה עָוִינוּ אָבָה אָבִינוּ

6. וַעַד צַעַד רַעַד סַעַד

7. וֶרֶד מֶרֶד תֶּרֶד זֶרֶד

8. שָׁוֶה רָוֶה שָׁוָה רָוָה

9. גְּוִיָּה כְּוִיָּה צְבִיָּה חָזִיָּה

SIDDUR WORDS

10. וְהוּא אֶחָד, וְאֵין שֵׁנִי.

11. וְהוּא הָיָה, וְהוּא הֹוֶה.

12. וַיּוֹצֵא אֶת עַמּוֹ יִשְׂרָאֵל.

13. וַעֲשִׂיתֶם אֶת כָּל מִצְוֹתָי.

14. וְנֶאֱמַר כִּי פָדָה אֲדֹנָי.

HEBREW DICTIONARY

חַג
holiday, festival

נַדְנֵדָה
swing, seesaw

הַתִּקְוָה

הַתִּקְוָה which means "The Hope," is the national anthem of the State of Israel.

The Hebrew poet Naphtali Herz Imber wrote this poem in 1878. It became the national anthem of the Zionist movement with First Zionist Congress in 1897.

הַתִּקְוָה expresses the desire of the Jewish people to live as a free nation in the land of Israel.

1. הַתִּקְוָה – הַ

הַ וַ ז חַ יַ לַ

מַ נַ סַ עַ פַּ פַ

2. הַתִּקְוָה – תִּ

תִּ תִ וִ בִּ צִ זִ

כִּ כִ חִ גִ נִ שִׁ

3. הַתִּקְוָה – תִּקְ

תִּקְ תִקְ שִׁקְ שִׁקְ הִקְ

מִקְ לִקְ יִקְ חִקְ זִקְ

4. הַתִּקְוָה – וָה

וָה בָה בָּה לָה מָה

צָה דָה הָה חָה קָה

5. הַתִּקְוָה – וָה

וָה וָו וָז וָס וָל

וָק וָר וָד וָף וָן

RHYTHM READING

1. הַתִּקְוָה הַמִּקְוָה הַמִּצְוָה הַמִּלְוָה

2. תִּקְוָה תִּקְרָה תִּקְרָא מִקְרָא

3. קְרָא בְּרָא בָּרָא קָרָא

4. זָרָה זָרַע קָרָה קָרַע

5. קָרַע קְרַע שָׁמַע שְׁמַע

6. קוֹרֵא וְקוֹרֵא רוֹפֵא וְרוֹפֵא

7. אֵין וְאֵין כֵּן וְכֵן

8. מִצְוָה מִצְוֹת מִצְוֹתַי מִצְוֹתָי

9. תִּקְוָה תִּקְווֹת תִּקְווֹתַי תִּקְווֹתָי

SIDDUR WORDS

10. בֵּית יַעֲקֹב, לְכוּ וְנֵלְכָה.

11. רָם עַל כָּל גּוֹיִם אֲדֹנָי.

12. תּוֹרַת חַיִּים וְאַהֲבַת חֶסֶד.

13. וְקָרָא זֶה אֶל זֶה וְאָמַר.

14. מֵעַתָּה וְעַד עוֹלָם הַלְלוּיָהּ.

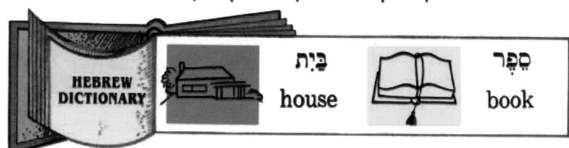

HEBREW
DICTIONARY

בַּיִת
house

סֵפֶר
book

הַפְטָרָה

The הַפְטָרָה, a portion from the Prophets, is read after the Torah portion (Sidrah). The הַפְטָרָה always has some connection with the Sidrah being read.

During the Roman occupation of Israel, the conquerors forbade the reading of the Torah. To outwit the Romans, the Jews read sections from the Prophets.

The one who is given the honor of reading the הַפְטָרָה is called the "maftir."

1. הַפְטָרָה – הַפְ

הַפְ חַפְ דַפְ נַפְ מַפְ

שַׁפְ שַׂפְ סַפְ זַפְ צַפְ

2. הַפְטָרָה – הַפְ

הַפְ הַדְ הַגְ הַרְ הַלְ

הַסְ הַשְׁ הַזְ הַצְ הַשְׂ

3. הַפְטָרָה – טָ

טָ תָּ תָ סָ שָׂ דָ

רָ וָ בָ בָּ פָּ פָ

4. הַפְטָרָה – רָה

רָה וָה בָה בָּה פָּה

פָה טָה תָּה כָּה כָה

5. הַפְטָרָה – רָה

רָה רָע רָב רָז רָל

רָג רָךְ רָן רָף רָם

6. הַפְטָרָה – טָרָה

טָרָה קָרָה הָרָה גָּרָה

זָרָה צָרָה חָרָה שָׂרָה

RHYTHM READING

1. הַפְטָרָה הַפְגָּנָה הַפְלָגָה הַפְרָזָה
2. טוֹב טוֹבָה טוֹבִים טוֹבוֹת
3. טַל טַלִּי טַלִּית הַטַּלִּית
4. טָמִיר זָמִיר שָׁמִיר עָמִיר
5. מָטָר מָחָר מָחָה מָנָה
6. טָמַן טָחַן בָּחַן גָּחַן
7. טוֹרֵחַ צוֹרֵחַ מוֹרֵחַ זוֹרֵחַ
8. טָרַף שָׂרַף חָרַף גָּרַף
9. טוּב טוּבוֹ טוּבֵךְ טוּבֵנוּ

SIDDUR WORDS

10. לֶקַח טוֹב נָתַתִּי לָכֶם.
11. מַה טֹּבוּ אֹהָלֶיךָ יַעֲקֹב.
12. וְהָיוּ לְטֹטָפוֹת בֵּין עֵינֶיךָ.
13. וְחַיֵּי עוֹלָם נָטַע בְּתוֹכֵנוּ.
14. שִׂים שָׁלוֹם טוֹבָה וּבְרָכָה.

HEBREW DICTIONARY

מָרָק soup

מִטָּה bed

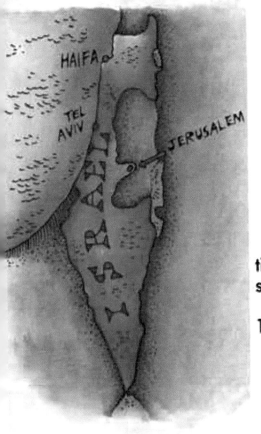

אֶרֶץ

אֶרֶץ means land. The land of Israel is called אֶרֶץ יִשְׂרָאֵל. The modern State of Israel marks the first time the Jews have had an independent homeland since the destruction of the second Temple in 70 C.E.

Independence Day in אֶרֶץ יִשְׂרָאֵל is May 14, 1948 and is celebrated every 5th of Iyar.

1. אֶרֶץ – אֶ

אֶ עֶ תֶ טֶ קֶ כֶּ

בֶּ וֶ חֶ כֶ תֶּ סֶ

2. אֶרֶץ – רֶ

רֶ לֶ מֶ דֶ הֶ פֶּ

פֶ זֶ צֶ נֶ שֶׁ שֶׂ

3. אֶרֶץ – רֶץ

רֶץ עֶץ חֶץ קֶץ כֶּץ

מֶץ לֶץ גֶץ זֶץ טֶץ

RHYTHM READING

1. אֶרֶץ פֶּרֶץ קֶרֶץ מֶרֶץ
2. רוּץ חָרוּץ חָלוּץ חָמוּץ
3. מִיץ חָמִיץ חָמֵץ חָפֵץ
4. קַיִץ חַיִץ חַיִל תַּיִל
5. אֶרֶץ אֶרֶךְ פֶּרֶךְ יֶרֶךְ
6. עֵץ יוֹעֵץ רוֹעֵץ נוֹעֵץ
7. מוֹץ אָמוֹץ אָמוֹן רִמוֹן
8. הֵפִיץ הֵפִיר הֵפִיק מֵפִיק
9. קוֹפֵץ קוֹרֵץ קוֹרֵן קוֹנֵן

SIDDUR WORDS

10. הַמֵּאִיר לָאָרֶץ וְלַדָּרִים עָלֶיהָ.
11. מְלֹא כָל הָאָרֶץ כְּבוֹדוֹ.
12. הַמּוֹצִיא לֶחֶם מִן הָאָרֶץ.
13. כִּי בָא לִשְׁפֹּט אֶת הָאָרֶץ.
14. כִּימֵי הַשָּׁמַיִם עַל הָאָרֶץ.

HEBREW DICTIONARY

עֲנָק giant

לֶחֶם bread

ה	ד	ג	ב	בּ	א
Has the sound of H	Has the sound of D	Has the sound of G	Has the sound of V	Has the sound of B	Silent letter

כּ	י	ט	ח	ז	ו
Has the sound of K	Has the sound of Y	Has the sound of T	Has the sound of Ḥ	Has the sound of Z	Has the sound of V

נ	ם	מ	ל	ךּ	כ
Has the sound of N	Has the sound of M At the end of a word	Has the sound of M	Has the sound of L	Has the sound of Ḥ At the end of a word	Has the sound of Ḥ

ף	פ	פּ	ע	ס	ן
Has the sound of F At the end of a word	Has the sound of F	Has the sound of P	Silent letter	Has the sound of S	Has the sound of N At the end of a word

שׂ	שׁ	ר	ק	ץ	צ
Has the sound of S	Has the sound of SH	Has the sound of R	Has the sound of K	Has the sound of TZ At the end of a word	Has the sound of TZ

Has the sound of E as in "bell"	Has the sound of A as in bay	Has the sound of A as in "father"	Has the sound of A as in tall SFARDI A as in "father"	תּ	ת
Has the sound of O SFARDI as in "for"	Has the sound of OO as in "moon"	Has the sound of I as in "sit"	Has no sound	Has the sound of S SFARDI T	Has the sound of T

66

GRACE AFTER MEALS

On these two facing pages you will learn to read some of the words and phrases found in the בִּרְכַּת הַמָּזוֹן.

WORD ENDINGS

1 חֶסֶד+וֹ=חַסְדּוֹ

שֵׁם+וֹ=שְׁמוֹ, טוּב+וֹ=טוּבוֹ, שֶׁל+וֹ=שֶׁלּוֹ,

כֹּל+וֹ=כֻּלּוֹ.

2 אֱלֹהִים+נוּ=אֱלֹהֵינוּ

אָכַל+נוּ=אָכַלְנוּ, עַל+נוּ=עָלֵינוּ,

חָיָה+נוּ=חָיִינוּ.

A NOTE

The following eight pages are from the text, Praying With Spirituality. It employs the same phonic teaching methodology as the text you are currently using. It is the ideal follow-up to Reading and Prayer Primer.

WORD BEGINNINGS

1 וּ+בָּרוּךְ=וּבָרוּךְ

וּ+בְּטוּבוֹ=וּבְטוּבוֹ,   וּ+מֵטִיב=וּמֵטִיב,

וּ+בְּרַחֲמִים=וּבְרַחֲמִים,   וּ+מֵכִין=וּמֵכִין.

2 הַ+זָּן=הַזָּן

הָ+עוֹלָם=הָעוֹלָם,   הַ+גָּדוֹל=הַגָּדוֹל,

הַ+כֹּל=הַכֹּל.

3 לְ+כָּל=לְכָל

לְ+עוֹלָם=לְעוֹלָם.

4 בְּ+חֵן=בְּחֵן

בְּ+טוּבוֹ=בְּטוּבוֹ,   בְּ+חֶסֶד=בְּחֶסֶד.

WORD FAMILIES

1 בֵּרַךְ,   נְבָרֵךְ,   מְבֹרָךְ,   בָּרוּךְ.

2 הַזָּן,   מָזוֹן,   חָסַר,   יֶחְסַר.

TEFILLAH PHRASES

1 חֲבֵרַי נְבָרֵךְ,   מֵעַתָּה וְעַד עוֹלָם,   וּמֵטִיב לַכֹּל.

2 וּבְטוּבוֹ חָיִינוּ,   הַזָּן אֶת הַכֹּל,   הוּא נוֹתֵן לֶחֶם.

3 וּבְטוּבוֹ הַגָּדוֹל,   וְאַל יֶחְסַר לָנוּ,   שְׁמוֹ הַגָּדוֹל.

4 לְכָל-בָּשָׂר,   וּמְפַרְנֵס לַכֹּל.

GRACE AFTER MEALS

When three or more people are present at the meal, a leader is appointed to lead the בִּרְכַּת הַמָּזוֹן. This invitation is called זִמּוּן, from the name of the prayer. The verb זַמֵּן means "to invite." The leader calls on the people at the meal to begin Grace by reciting חֲבֵרַי נְבָרֵךְ ("Friends, let us thank God.")

The leader (מְזַמֵּן) recites:

1. Friends, let us thank God. — 1 חֲבֵרַי נְבָרֵךְ.

The company recites, then the מְזַמֵּן repeats:

2. May Adonai's name be blessed — 2 יְהִי שֵׁם יְיָ מְבֹרָךְ

3. for now and forever. — 3 מֵעַתָּה וְעַד עוֹלָם.

The מְזַמֵּן continues:

4. Friends, with your permission, — 4 בִּרְשׁוּת חֲבֵרַי,

5. We will bless (our God)* whose food we have eaten. — 5 נְבָרֵךְ *(אֱלֹהֵינוּ) שֶׁאָכַלְנוּ מִשֶּׁלּוֹ.

The company responds, then the מְזַמֵּן repeats:

6. We will bless our God, — 6 בָּרוּךְ (אֱלֹהֵינוּ),

7 Whose food we have eaten. — 7 שֶׁאָכַלְנוּ מִשֶּׁלּוֹ*.

8. And by whose goodness we live. — 8 וּבְטוּבוֹ חָיִינוּ.

The מְזַמֵּן recites:

9. Blessed is God, and blessed is the Name. — 9 בָּרוּךְ הוּא וּבָרוּךְ שְׁמוֹ*.

Everyone:

10. Blessed is Adonai — 10 בָּרוּךְ אַתָּה יְיָ

11. Our God, Ruler of the universe, — 11 אֱלֹהֵינוּ מֶלֶךְ הָעוֹלָם,

12. Who feeds the whole world with goodness, — 12 הַזָּן אֶת-הָעוֹלָם כֻּלּוֹ בְּטוּבוֹ,

---

*The word אֱלֹהֵינוּ is added when ten or more are at the table.

13. With love, kindness, and mercy.	13 בְּחֵן בְּחֶסֶד וּבְרַחֲמִים.
14. God provides food for all living things,	14 הוּא נוֹתֵן לֶחֶם לְכָל־בָּשָׂר
15. For God's kindness is forever,	15 כִּי לְעוֹלָם חַסְדּוֹ*.
16. And because of God's great goodness	16 וּבְטוּבוֹ הַגָּדוֹל תָּמִיד,
17. We have never lacked food	17 תָּמִיד לֹא חָסַר לָנוּ,
18. And we will never lack food,	18 וְאַל יֶחְסַר לָנוּ מָזוֹן לְעוֹלָם וָעֶד.
19. For the sake of God's great name.	19 בַּעֲבוּר שְׁמוֹ הַגָּדוֹל;
20. And God feeds and nourishes all living things	20 כִּי הוּא אֵל זָן וּמְפַרְנֵס לַכֹּל
21. And does good for all,	21 וּמֵטִיב לַכֹּל
22. And prepares food	22 וּמֵכִין מָזוֹן
23. For all creatures	23 לְכָל־בְּרִיּוֹתָיו*
24. That God created.	24 אֲשֶׁר בָּרָא.
25. Blessed is Adonai,	25 בָּרוּךְ אַתָּה יהוה,
26 Who feeds everyone.	26 הַזָּן אֶת־הַכֹּל.

BIRKAT HAMAZON בִּרְכַּת הַמָּזוֹן

Before we eat or drink we say a blessing to thank God for giving us food. After we eat and drink we recite בִּרְכַּת הַמָּזוֹן, the Grace after meals, which is made up of beautiful prayers of thanksgiving. We say the בִּרְכַּת הַמָּזוֹן to remind us that even when we are filled with food and satisfied, we must be just as thankful to God as when we were hungry and had just begun to eat.

The Talmud tells us that Moses received the Torah from God and passed it down to Joshua, who passed it on to the prophets, who then handed it on to the Men of the Great Assembly (אַנְשֵׁי כְּנֶסֶת הַגְּדוֹלָה). The Jewish legislative body during the Persian period (500—300 B.C.E.) was called כְּנֶסֶת הַגְּדוֹלָה. It consisted of 120 members who were called into session to make critical decisions. It was the אַנְשֵׁי כְּנֶסֶת הַגְּדוֹלָה that composed most of the prayers and customs in our Siddur as well as the forms of synagogue worship.

Its members determined the format of the בִּרְכַּת הַמָּזוֹן. Included here is a very short version of the בִּרְכַּת הַמָּזוֹן. The longer version includes a prayer for the coming of Elijah and the Messiah. The בִּרְכַּת הַמָּזוֹן ends with a prayer for שָׁלוֹם (peace). The commentator Rashi explains why this prayer was included: "So you have eaten a very tasty and delicious meal, but can you really feel satisfied if there is no שָׁלוֹם?"

Some commentators say that the word חֵן ("kindness") in the Grace refers to food, חֶסֶד to clothing, and רַחֲמִים to a home. All three together provide for a human being's most basic needs, making it possible to lead a happy and normal existence.

God created a beautiful world for humankind. We too must share. We must share God's blessings with those who are less fortunate and not able to support themselves. Thousands of years ago in ancient Israel the poor and the weak were given special rights during the harvest to make sure that they received a share of the crops.

1. They had the rights to anything that grew in the corners of the fields.
2. They had the rights to anything that was accidentally dropped during the harvest.

The Torah tells us that God, in creating the world, provided food for all its creatures. There were special foods for the fish in the seas and oceans, birds in the air, and the animals which roamed the forests and jungles. Above all God created food for the human race. God's kindness, grace, and mercy have provided healthy food for all creatures, human and nonhuman. The sun, the rain, and all of nature's elements are part of a universal food chain which feeds the world's population of people and animals.

WE WILL BLESS נְבָרֵךְ

The Hebrew word נְבָרֵךְ (5) means "we will bless." The rabbis taught that a commandment performed by several people in unison is superior to one done alone. A group reaches a higher degree of holiness than a single person.

כַּוָּנָה

A teenager once asked her mother, "How do you know that God exists?"

"Well" answered the mother "I've never seen God, but I'm sure there is a God in the world. Let me show you a sample of God's work. Do you see the apple tree in our yard? You've tasted the red apples and enjoyed eating them. Do you remember who planted the tree?"

"Yes," answered the teenager. "I remember taking a tiny seed from an apple, digging a hole in the ground, and burying the seed. And now it has grown into a great big apple tree."

"Now," continued the mother "that one tiny seed, weighing as little as a grain of dust, has grown into a huge tree that keeps on producing delicious apples the exact same time each year.

"It's true that you can't see God, but you can see God's miracles growing all around you.

The Midrash tells us that Abraham and Sarah were very hospitable. They customarily invited travelers to rest and dine in their tent, and personally served them at the table. After a refreshing meal the traveler would thank his hosts. Abraham and Sarah would reply.

בָּרוּךְ אֱלֹהֵינוּ שֶׁאָכַלְנוּ מִשֶּׁלוֹ ("Thank God whose food we have eaten").

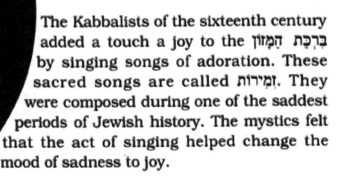

Judaism believes that the table upon which we eat is an altar and that every meal should be proceeded with a thank-you prayer.

The Kabbalists of the sixteenth century added a touch a joy to the בִּרְכַּת הַמָזוֹן by singing songs of adoration. These sacred songs are called זְמִירוֹת. They were composed during one of the saddest periods of Jewish history. The mystics felt that the act of singing helped change the mood of sadness to joy.

72

SABBATH CANDLE LIGHTING

***On these two facing pages you will learn to read some of the words and phrases found in the* הַדְלָקַת הַנֵּרוֹת שֶׁל שַׁבָּת.**

WORD ENDINGS

1 קִדֵּשׁ+נוּ=קִדְּשָׁנוּ   אֱלֹהִים+נוּ=אֱלֹהֵינוּ,   צִוָּה+נוּ=צִוָּנוּ.

2 יָשִׂים+ךָ=יְשִׂימְךָ   יִשְׁמֹר+ךָ=יִשְׁמְרֶךָ,   אֶל+ךָ=אֵלֶיךָ,

יָחֹן+ךָ=יְחֻנֶּךָּ,   יְבָרֵךְ+ךָ=יְבָרֶכְךָ.

3 מִצְוֹת+ָיו=מִצְוֹתָיו   פָּנִים+ָיו=פָּנָיו.

WORD BEGINNINGS

1 +כְמְנַשֶּׁה=וְכִמְנַשֶּׁה   וְ+לֵאָה=וְלֵאָה,   וְ+יִשְׁמְרֶךָ=וְיִשְׁמְרֶךָ,

וְ+יָשֵׂם=וְיָשֵׂם,   וְ+צִוָּנוּ=וְצִוָּנוּ.

2 כְּ+אֶפְרַיִם=כְּאֶפְרַיִם   כְּ+שָׂרָה=כְּשָׂרָה.

WORD FAMILIES

1 צִוָּה, צִוָּנוּ, מִצְוֹתָיו.

2 אֱלֹהִים, אֱלֹהֵינוּ.

3 שִׂים, יְשִׂמְךָ, יְשִׂמֵךְ, יָשֵׂם.

4 בֵּרַךְ, בָּרוּךְ, יְבָרֶכְךָ.

TEFILLAH PHRASES

1 מֶלֶךְ הָעוֹלָם,   לְהַדְלִיק נֵר,   שֶׁל שַׁבָּת.

2 יְבָרֶכְךָ יְיָ,   יִשָּׂא יְיָ פָּנָיו אֵלֶיךָ.

3 יָאֵר יְיָ פָּנָיו,   רָחֵל וְלֵאָה,   יְשִׂמֵךְ אֱלֹהִים.

4 אֵלֶיךָ וִיחֻנֶּךָּ,   כְּאֶפְרַיִם וְכִמְנַשֶּׁה,   בָּרוּךְ אַתָּה יהוה.

SUPPLEMENTARY READING EXERCISES

LOOK-ALIKE

SOUND-ALIKE

וּ - אוּ

(in the beginning of the word)

1. וּמֵבִיא וּמְקַיֵּם וּמַתִּיר וּמַצְמִיחַ
2. וּמוֹדִים וּמָגֵן וּמִשְׁתַּחֲוִים וּמְרַחֵם
3. וּבְלֶכְתְּךָ וּבְשָׁכְבְּךָ וּבְקוּמֶךָ וּבָנוּ
4. וּקְשַׁרְתָּם וּכְתַבְתָּם וּגְאָלוֹ וּדְבַר

אֲדֹנָי - יְיָ - יְהֹוָה

5. בָּרוּךְ אַתָּה יְיָ אֱלֹהֵינוּ.
6. שְׁמַע יִשְׂרָאֵל יְהֹוָה אֱלֹהֵינוּ.
7. בָּרוּךְ אַתָּה יְיָ נוֹתֵן הַתּוֹרָה.
8. אַתָּה גִּבּוֹר לְעוֹלָם אֲדֹנָי.
9. יְהֹוָה יְהֹוָה אֵל רַחוּם.

כֹּהֵן

אֲרוֹן קֹדֶשׁ

1. כּוֹנֵן כּוֹנֵן כּוֹתֵב כּוֹאֵב
2. כּוֹבַע קוֹבַע קָבַע כָּוָה
3. קֹדֶשׁ קְדוּשָּׁה קַדִּישָׁא קַדִּישׁ
4. כֶּבֶשׂ כֶּבֶשׂ קֶדֶשׁ קֶרֶשׁ
5. קָרָה כָּרָה כִּירָה קוֹרָה

סִינַי

נָשִׂיא

אֶתְרוֹג

1. סִינַי סִין סִימָן סִינָר
2. נָשִׂיא שִׂיא שִׂיחָה סִיכָה
3. אֶתְרוֹג אֶסְרֹג סְרִיגִים שְׂרִידִים
4. חָתָן חָסוֹן חָסַר חָתַר
5. חָשַׂךְ חָסַךְ חָסִיל חָתוּל

חָתָן

חָכְמָה

חֹדֶשׁ

1. חָכְמָה חֲכָמָה חָכָם הֶחָכָם

2. חַיָל חַיָב חַיָט חַיָה

3. בָּחוּר בַּחוּרִים בְּכוֹר בְּכוֹרִים

4. בָּכָה דָחָה כָּכָה נָחָה

5. הִכְחִישׁ הִכְחִיד הַכְחָדָה הַכְחָשָׁה

טַלִית

תַּנַ״ךְ

1. טַלִית תַּגְלִית תַּעֲנִית טַעֲנוֹת

2. תּוֹעֶה טוֹעֶה טְחִינָה תְּחִנָה

3. תַּנַךְ תָּמַךְ טָרַח טָפַח

4. טָבַע תָּבַע תּוֹבֵעַ טוֹבֵעַ

5. טִירָה תִּירָא טָרָה תָּרַע

לֵוִי

אָבוֹת

1. לֵוִי   לָוָה   אָבָה   כָּבָה
2. לֹוָה   חוֹבָה   טוֹבָה   טָוָה
3. וָו   רָב   רָבִים   שָׁוִים
4. אָבוֹת   שָׁווֹת   שָׁוִים   שָׁבִים
5. וָוִית   זָוִית   חָבִית   אָבִית

אָמֵן

עֲנָוָה

1. אָמֵן   עָמֵל   עָמָל   אָמָן
2. אִמָא   עִמָה   עִמָנוּ   אִמֵנוּ
3. אֹמֶר   עֹמֶר   עֳמָרִים   אֳמָנִים
4. עֲנָוָה   אַהֲבָה   רַאֲוָה   שַׁעֲוָה
5. עִקָר   אִכָּר   אֱכָל   עִכּוּל

	מַזָּל
	טוֹב

מוּזָל	מוּזָר	מַזָּר	מַזָּל	1.
טוּר	טוּל	טוּס	טוֹב	2.
מָטָה	מַטָה	מַטֶה	מִטָה	3.
טְמוּמָה	טְמוּנָה	טְמֵאָה	טָמֵא	4.
מָנוֹס	מָטוֹס	מַטָרָה	מָטָר	5.

	שׁוֹפָר
	שִׂמְחָה

שׁוֹפֶת	שׁוֹפֵךְ	שׁוֹפֵט	שׁוֹפָר	1.
צָמַח	שָׂמַח	שָׂמֵחַ	שִׂמְחָה	2.
שָׂפָן	שָׂפָה	שָׂפָם	שָׂפָה	3.
שָׂפָה	שָׂפָל	שָׂפָן	שָׂטָן	4.
שָׂרוּעַ	שָׂקוּעַ	שָׂבוּעַ	שָׂבוּעַ	5.

פּוּרִים

סֵדֶר

1. פּוּרִים טוּרִים אוּרִים גוּרִים
2. סֵדֶר סֵבֶר סֵבֶל סֵמֶל
3. נֵס נָס נָם חָם
4. נִסִים מִסִים גִיסִים רִיסִים
5. סַם חַם חַס טַס מַס

מִזְרָח

שָׁבוּעוֹת

1. מִזְרָח מִשְׁלָח מִבְטָח מִשְׁפָּח
2. שָׁבוּעוֹת שְׁמוּעוֹת רְצוּעוֹת רְפוּאוֹת
3. פָּתַח רָתַח מָתַח חָתַךְ
4. חָתוּל חָתוּם חָתַם חָתַךְ
5. חָתָן חֲתָנִים חֲתוּנָּה חֲסוּדָה

SIDDUR READING EXERCISES

בִּרְכַּת הַנֵּרוֹת לְשַׁבָּת

On lighting the Sabbath candles:

בָּרוּךְ אַתָּה יְיָ, אֱלֹהֵינוּ מֶלֶךְ
הָעוֹלָם, אֲשֶׁר קִדְּשָׁנוּ בְּמִצְוֹתָיו
וְצִוָּנוּ לְהַדְלִיק נֵר שֶׁל שַׁבָּת.

קִדּוּשׁ לְלֵיל שַׁבָּת

וַיְהִי עֶרֶב וַיְהִי בֹקֶר

יוֹם הַשִּׁשִּׁי. וַיְכֻלּוּ הַשָּׁמַיִם וְהָאָרֶץ וְכָל צְבָאָם. וַיְכַל אֱלֹהִים בַּיּוֹם הַשְּׁבִיעִי מְלַאכְתּוֹ אֲשֶׁר עָשָׂה, וַיִּשְׁבֹּת בַּיּוֹם הַשְּׁבִיעִי מִכָּל מְלַאכְתּוֹ אֲשֶׁר עָשָׂה.

וַיְבָרֶךְ אֱלֹהִים אֶת יוֹם הַשְּׁבִיעִי וַיְקַדֵּשׁ אֹתוֹ, כִּי בוֹ שָׁבַת מִכָּל מְלַאכְתּוֹ, אֲשֶׁר בָּרָא אֱלֹהִים לַעֲשׂוֹת.

בָּרוּךְ אַתָּה יְיָ, אֱלֹהֵינוּ מֶלֶךְ הָעוֹלָם, בּוֹרֵא פְּרִי הַגָּפֶן.

בָּרוּךְ אַתָּה יְיָ, אֱלֹהֵינוּ מֶלֶךְ

הָעוֹלָם, אֲשֶׁר קִדְּשָׁנוּ בְּמִצְוֹתָיו

וְרָצָה בָנוּ, וְשַׁבַּת קָדְשׁוֹ בְּאַהֲבָה

וּבְרָצוֹן הִנְחִילָנוּ, זִכָּרוֹן לְמַעֲשֵׂה

בְרֵאשִׁית.

כִּי הוּא יוֹם תְּחִלָּה לְמִקְרָאֵי

קֹדֶשׁ, זֵכֶר לִיצִיאַת מִצְרָיִם. כִּי

בָנוּ בָחַרְתָּ וְאוֹתָנוּ קִדַּשְׁתָּ מִכָּל

הָעַמִּים, וְשַׁבַּת קָדְשְׁךָ בְּאַהֲבָה

וּבְרָצוֹן הִנְחַלְתָּנוּ. בָּרוּךְ אַתָּה יְיָ,

מְקַדֵּשׁ הַשַּׁבָּת.

שָׁלוֹם עֲלֵיכֶם

שָׁלוֹם עֲלֵיכֶם, מַלְאֲכֵי הַשָּׁרֵת,
מַלְאֲכֵי עֶלְיוֹן, מִמֶּלֶךְ מַלְכֵי
הַמְּלָכִים, הַקָּדוֹשׁ בָּרוּךְ הוּא

בּוֹאֲכֶם לְשָׁלוֹם, מַלְאֲכֵי הַשָּׁלוֹם,
מַלְאֲכֵי עֶלְיוֹן, מִמֶּלֶךְ מַלְכֵי
הַמְּלָכִים, הַקָּדוֹשׁ בָּרוּךְ הוּא.

בָּרְכוּנִי לְשָׁלוֹם, מַלְאֲכֵי הַשָּׁלוֹם,
מַלְאֲכֵי עֶלְיוֹן, מִמֶּלֶךְ מַלְכֵי
הַמְּלָכִים, הַקָּדוֹשׁ בָּרוּךְ הוּא

צֵאתְכֶם לְשָׁלוֹם, מַלְאֲכֵי
הַשָּׁלוֹם, מַלְאֲכֵי עֶלְיוֹן, מִמֶּלֶךְ
מַלְכֵי הַמְּלָכִים, הַקָּדוֹשׁ בָּרוּךְ הוּא

בִּרְכוֹת הַתּוֹרָה 1

The person who is called to the reading of the Torah says the following blessing:

בָּרְכוּ אֶת יְיָ הַמְבֹרָךְ. 2

The Congregation responds:

בָּרוּךְ יְיָ הַמְבֹרָךְ לְעוֹלָם וָעֶד. 3

The person saying the blessing repeats the response and continues:

בָּרוּךְ אַתָּה יְיָ, אֱלֹהֵינוּ מֶלֶךְ 4
הָעוֹלָם, אֲשֶׁר בָּחַר בָּנוּ מִכָּל 5
הָעַמִּים, וְנָתַן לָנוּ אֶת תּוֹרָתוֹ. 6
בָּרוּךְ אַתָּה יְיָ, נוֹתֵן הַתּוֹרָה. 7

After reading the section of the Torah, he says:

בָּרוּךְ אַתָּה יְיָ, אֱלֹהֵינוּ מֶלֶךְ 8
הָעוֹלָם, אֲשֶׁר נָתַן לָנוּ תּוֹרַת 9
אֱמֶת, וְחַיֵּי עוֹלָם נָטַע בְּתוֹכֵנוּ. 10
בָּרוּךְ אַתָּה יְיָ, נוֹתֵן הַתּוֹרָה. 11

קְרִיאַת שְׁמַע

1   יָחִיד אוֹמֵר אֵל מֶלֶךְ נֶאֱמָן.

2   שְׁמַע יִשְׂרָאֵל, יְיָ אֱלֹהֵינוּ, יְיָ אֶחָד.

3   בָּרוּךְ שֵׁם כְּבוֹד מַלְכוּתוֹ, לְעוֹלָם וָעֶד.

4   וְאָהַבְתָּ אֵת יְיָ אֱלֹהֶיךָ בְּכָל

5   לְבָבְךָ, וּבְכָל נַפְשְׁךָ, וּבְכָל

6   מְאֹדֶךָ. וְהָיוּ הַדְּבָרִים הָאֵלֶּה,

7   אֲשֶׁר אָנֹכִי מְצַוְּךָ הַיּוֹם עַל לְבָבֶךָ.

8   וְשִׁנַּנְתָּם לְבָנֶיךָ, וְדִבַּרְתָּ בָּם,

9   בְּשִׁבְתְּךָ בְּבֵיתֶךָ, וּבְלֶכְתְּךָ בַדֶּרֶךְ,

10   וּבְשָׁכְבְּךָ, וּבְקוּמֶךָ. וּקְשַׁרְתָּם לְאוֹת

11   עַל יָדֶךָ, וְהָיוּ לְטֹטָפֹת בֵּין עֵינֶיךָ.

12   וּכְתַבְתָּם עַל מְזֻזוֹת בֵּיתֶךָ

13   וּבִשְׁעָרֶיךָ.

סֵדֶר הַדְלָקַת נֵרוֹת לַחֲנֻכָּה

On lighting the candles, say:

בָּרוּךְ אַתָּה יְיָ, אֱלֹהֵינוּ מֶלֶךְ

הָעוֹלָם, אֲשֶׁר קִדְּשָׁנוּ בְּמִצְוֹתָיו

וְצִוָּנוּ לְהַדְלִיק נֵר שֶׁל חֲנֻכָּה.

בָּרוּךְ אַתָּה יְיָ, אֱלֹהֵינוּ מֶלֶךְ

הָעוֹלָם, שֶׁעָשָׂה נִסִּים לַאֲבוֹתֵינוּ,

בַּיָּמִים הָהֵם בַּזְּמַן הַזֶּה.

The following blessing is said on the first evening only:

בָּרוּךְ אַתָּה יְיָ, אֱלֹהֵינוּ מֶלֶךְ

הָעוֹלָם, שֶׁהֶחֱיָנוּ וְקִיְּמָנוּ, וְהִגִּיעָנוּ

לַזְּמַן הַזֶּה.

After kindling the lights, say:

1. הַנֵּרוֹת הַלָּלוּ אֲנַחְנוּ מַדְלִיקִים,

2. עַל הַנִּסִּים, וְעַל הַנִּפְלָאוֹת, וְעַל

3. הַתְּשׁוּעוֹת, וְעַל הַמִּלְחָמוֹת, שֶׁעָשִׂיתָ

4. לַאֲבוֹתֵינוּ בַּיָּמִים הָהֵם, בַּזְּמַן הַזֶּה,

5. עַל יְדֵי כֹּהֲנֶיךָ הַקְּדוֹשִׁים. וְכָל

6. שְׁמוֹנַת יְמֵי חֲנֻכָּה, הַנֵּרוֹת הַלָּלוּ

7. קֹדֶשׁ הֵם, וְאֵין לָנוּ רְשׁוּת לְהִשְׁתַּמֵּשׁ

8. בָּהֶם, אֶלָּא לִרְאוֹתָם בִּלְבָד, כְּדֵי

9. לְהוֹדוֹת וּלְהַלֵּל לְשִׁמְךָ הַגָּדוֹל,

10. עַל נִסֶּיךָ וְעַל נִפְלְאוֹתֶיךָ, וְעַל

11. יְשׁוּעוֹתֶיךָ.

1 מָעוֹז צוּר

2 מָעוֹז צוּר יְשׁוּעָתִי,

3 לְךָ נָאֶה לְשַׁבֵּחַ,

4 תִּכּוֹן בֵּית תְּפִלָּתִי,

5 וְשָׁם תּוֹדָה נְזַבֵּחַ,

6 לְעֵת תָּכִין מַטְבֵּחַ,

7 מִצָּר הַמְנַבֵּחַ,

8 אָז אֶגְמוֹר בְּשִׁיר מִזְמוֹר,

9 חֲנֻכַּת הַמִּזְבֵּחַ.

מִי יְמַלֵּל

מִי יְמַלֵּל גְּבוּרוֹת יִשְׂרָאֵל,

אוֹתָן מִי יִמְנֶה?

הֵן בְּכָל דּוֹר יָקוּם הַגִּבּוֹר,

גּוֹאֵל הָעָם.

שְׁמַע! בַּיָּמִים הָהֵם בַּזְּמַן הַזֶּה,

מַכַּבִּי מוֹשִׁיעַ וּפוֹדֶה,

וּבְיָמֵינוּ כָּל עַם יִשְׂרָאֵל,

יִתְאַחֵד, יָקוּם וְיִגָּאֵל.

בִּרְכַּת הַנֵּרוֹת לְפֶסַח

On lighting the candles, say:

בָּרוּךְ אַתָּה יְיָ, אֱלֹהֵינוּ מֶלֶךְ
הָעוֹלָם, אֲשֶׁר קִדְּשָׁנוּ בְּמִצְוֹתָיו
וְצִוָּנוּ לְהַדְלִיק נֵר שֶׁל (לשבת-
שַׁבָּת וְ) יוֹם טוֹב.

בָּרוּךְ אַתָּה יְיָ, אֱלֹהֵינוּ מֶלֶךְ
הָעוֹלָם, שֶׁהֶחֱיָנוּ וְקִיְּמָנוּ, וְהִגִּיעָנוּ
לַזְּמַן הַזֶּה.

קִדּוּשׁ לְפֶסַח

On the Sabbath, begin here:

וַיְהִי עֶרֶב וַיְהִי בֹקֶר יוֹם הַשִּׁשִּׁי. וַיְכֻלּוּ הַשָּׁמַיִם וְהָאָרֶץ וְכָל צְבָאָם. וַיְכַל אֱלֹהִים בַּיּוֹם הַשְּׁבִיעִי מְלַאכְתּוֹ אֲשֶׁר עָשָׂה, וַיִּשְׁבֹּת בַּיּוֹם הַשְּׁבִיעִי מִכָּל מְלַאכְתּוֹ אֲשֶׁר עָשָׂה.

וַיְבָרֶךְ אֱלֹהִים אֶת יוֹם הַשְּׁבִיעִי וַיְקַדֵּשׁ אֹתוֹ, כִּי בוֹ שָׁבַת מִכָּל מְלַאכְתּוֹ, אֲשֶׁר בָּרָא אֱלֹהִים לַעֲשׂוֹת.

On week-days, begin here:

סַבְרִי מָרָנָן וְרַבּוֹתַי

בָּרוּךְ אַתָּה יְיָ, אֱלֹהֵינוּ מֶלֶךְ הָעוֹלָם, בּוֹרֵא פְּרִי הַגָּפֶן.

בָּרוּךְ אַתָּה יְיָ, אֱלֹהֵינוּ מֶלֶךְ
הָעוֹלָם. אֲשֶׁר בָּחַר בָּנוּ מִכָּל עָם,
וְרוֹמְמָנוּ מִכָּל לָשׁוֹן, וְקִדְּשָׁנוּ
בְּמִצְוֹתָיו, וַתִּתֶּן לָנוּ יְיָ אֱלֹהֵינוּ
בְּאַהֲבָה (לשבת - שַׁבָּתוֹת לִמְנוּחָה
וּ) מוֹעֲדִים לְשִׂמְחָה, חַגִּים וּזְמַנִּים
לְשָׂשׂוֹן, אֶת יוֹם (לשבת - הַשַּׁבָּת הַזֶּה,
וְאֶת יוֹם) חַג הַמַּצּוֹת הַזֶּה. זְמַן
חֵרוּתֵנוּ, (לשבת - בְּאַהֲבָה) מִקְרָא קֹדֶשׁ
זֵכֶר לִיצִיאַת מִצְרָיִם.

כִּי בָנוּ בָחַרְתָּ, וְאוֹתָנוּ קִדַּשְׁתָּ, 1

מִכָּל הָעַמִּים. (לשבת-וְשַׁבָּת וּ) מוֹעֲדֵי 2

קָדְשֶׁךָ (לשבת-בְּאַהֲבָה וּבְרָצוֹן) בְּשִׂמְחָה 3

וּבְשָׂשׂוֹן הִנְחַלְתָּנוּ. בָּרוּךְ אַתָּה יְיָ, 4

מְקַדֵּשׁ (לשבת - הַשַּׁבָּת וְ) יִשְׂרָאֵל 5

וְהַזְּמַנִּים. 6

בָּרוּךְ אַתָּה יְיָ, אֱלֹהֵינוּ מֶלֶךְ 7

הָעוֹלָם, שֶׁהֶחֱיָנוּ וְקִיְּמָנוּ, וְהִגִּיעָנוּ 8

לַזְּמַן הַזֶּה. 9

אַרְבַּע קֻשְׁיוֹת

מַה נִּשְׁתַּנָּה הַלַּיְלָה הַזֶּה מִכָּל

הַלֵּילוֹת ?

1) שֶׁבְּכָל הַלֵּילוֹת אָנוּ אוֹכְלִין

חָמֵץ וּמַצָּה, הַלַּיְלָה הַזֶּה כֻּלּוֹ מַצָּה:

2) שֶׁבְּכָל הַלֵּילוֹת אָנוּ אוֹכְלִין

שְׁאָר יְרָקוֹת, הַלַּיְלָה הַזֶּה כֻּלּוֹ

מָרוֹר.

3) שֶׁבְּכָל הַלֵּילוֹת אֵין אָנוּ

מַטְבִּילִין אֲפִילוּ פַּעַם אֶחָת,

הַלַּיְלָה הַזֶּה שְׁתֵּי פְעָמִים.

4) שֶׁבְּכָל הַלֵּילוֹת אָנוּ אוֹכְלִין

בֵּין יוֹשְׁבִין וּבֵין מְסֻבִּין, הַלַּיְלָה

הַזֶּה כֻּלָּנוּ מְסֻבִּין.